コンサルタントのための〝キラーコンテンツ〟で稼ぐ法

五藤万晶

同文舘出版

まえがき

本書は、「売れるコンサルタントになって活躍したい」、「今より、もっと高いステージの一流のコンサルタントになりたい」、「その他大勢の同業者から抜きん出て、大きく稼げるようになりたい」――といったことを望んでいる方のために書きました。

本書の最大の特徴は、「先生業の仕組み」を解き明かしながら、コンサルタントとして活躍するために最も重要な、「キラーコンテンツの作り方と具体的な活用方法」について、事例を交えながらわかりやすく解説している点です。

これまで、「先生業」の仕組みや違いについて、くわしく解説された書籍はありませんでした。このため、「講師」「コンサルタント」「アドバイザー」「士業」「講演家」「トレーナー」「研究家」「ビジネスタレント」など、呼称はさまざまでも、周囲から「先生」と呼ばれる方のこの業界は十把一絡げにされ、「こうしたらうまくいく」といった成功法則的なものも、ほとんど一緒くたに教えられてきました。

いわゆる、本を出して有名になって講演して……といったものがその代表例ですが、現実には、各先生業の違いを理解せずに成功法則とやらを一所懸命に行なうと、成功どころか、まったく売れない状態になることも珍しくありません。

くわしくは本書でご説明していますが、一見同じように見える「先生業」でも、それぞれの成功方法はまるで違います。もし、あなたがコンサルタントとして成功したいなら、「コンサルタントの成功方法」を実践することです。本書は、この点について、「なぜ、そうなのか」という理由も含めてわかりやすく解説しています。

また、キラーコンテンツの作り方と活用方法については、いわゆる「あなたの本当の個性や眠っている潜在能力を引き出す」といった一般論的な話は、本書には一切出てきません。その代わり、10年、20年と第一線で仕事をされてきた方が、自分の持てる知識や実務ノウハウを、どうすれば「独自のキラーコンテンツ」にすることができるか、そしてコンサルタントとして活躍していくために、どのようにキラーコンテンツを活用していけばいいのかについて具体的に解説しました。

本書は、〝コンサルタント〟のための書籍ですが、成功法則を明確にしたことで違いがはっきりし、他の先生業の方にもご参考にしていただける点は多いと思います。

いずれにせよ、これまで霧がかって不明瞭であった先生業界において、本書が、少しでも、航海を助ける灯台のような役割を担うことができれば幸いです。

2013年7月

五藤万晶

目次● コンサルタントのための〝キラーコンテンツ〟で稼ぐ法

2章 一流コンサルタントになるための、テーマ設定の原理原則

3章

絶対にやってはならない、5つの間違い

4章 独自のキラーコンテンツの作り方

5章

キラーコンテンツをもっと輝かせる販売実務

6章

一流コンサルタントになって大きく飛躍する

装　丁◎高橋明香（おかっぱ製作所）
DTP◎マーリンクレイン

キラーコンテンツとは何か

売れているコンサルタントとはどんな人か？

本書は、「売れるコンサルタントになるための虎の巻」として、書きおろした書籍です。いわゆる一般の、ビジネスマンや経営層を対象とした書籍とは一線を画し、コンサルタントのプロ、またはプロを目指している方々のための実務実践の書となります。また、「ただ稼ぎたい、有名になりたい」といった人にも向きません。本当の意味で上を目指す方のための本です。

私は、これまで20年以上にわたって、数百人以上のコンサルタント、講師、士業、実務家の方々と関わり、経営者向けに売り出してきた経緯があります。簡単に言えば、プロデューサー業をしてきたわけです。

その中でも、コンサルタントと呼ばれる方との関わりが深く、また最も多かったので、このような「コンサルタントのためのアドバイザー業」をはじめたのですが、それはさておき、まずはみなさんに質問です。みなさんは、「売れているコンサルタント」と聞いて、どのようなイメージを持たれるでしょうか？

本書は、コンサルタントとして活躍したい人のために、その具体的な方法を解説するものです。ですから、本書を手にされた方は、少なからず「売れるコンサルタント」になることを意識されているはずです。

「売れるコンサルタントになりたい！」と思っていても、具体的なイメージがなければ、それを目指すことはできないし、イメージが違っていれば、間違ったことを一所懸命に努力して一向に売れないということにもなりかねません。そのための質問です。

周りの人に聞いてみると、「有名なコンサルティング機関を出ている人」とか、「ビジネス関連で、テレビや新聞・雑誌などでよく見かける人」とか、「ビジネス書でベストセラーを出している人」……といった答えがよく返ってきます。

他にも、高級外車に乗っていて、高い腕時計やスーツという印象や、話がとても上手で講演やセミナーがうまい人という答えもありました。このように、さまざまなイメージがあることがわかります。

また、「コンサルタントになるために資格を取って……」という話も、よく耳にします。中小企業診断士に代表される、各種の資格を取るために、損益計算書や経営数字などを必死で勉強したり、ベテランコンサルタントの方も「資格があれば仕事が取れる……」といったことを口にしているのを聞くことがあります。

事の真偽はさておき、私の経験から言えば、売れているコンサルタントとテレビ出演はまったく無関係です。むしろ、本物の実務コンサルタントは、表舞台にはほとんど登場しません。また、話も決して上手とは限らないし、セミナーが苦手という方もいます。さらに、本を出していない方も大勢います。

服装も人それぞれで、いつもスーツの方もいれば、ほとんど作業着という方もいます。失礼ながら、「えっ？ この人が本当に売れているコンサルタント？」と思ってしまうような方もいます。時計も自動車も持っていない方もいます。

また、資格も関係ありません。コンサルタントは国家資格でもなんでもないので、「私はコンサルタントです」と言えば、その瞬間から、コンサルタントになることができます。当然ながら、登録も不要です。

もちろん、周囲の人から認めてもらえるまでは、「自称コンサルタント」ですから、本物のコンサルタントとして認めてもらうためには、努力と実績が必要です。しかし、資格そのものが必要かと言えば、必要ではないということです。

実際、私も自動車の運転免許くらいしか、資格を持っていないし、これまでに私が関わってきた一流コンサルタントの方々は、総じてビジネス上の資格など、何もお持ちになられていませんでした。表舞台にも立たず、資格もない人たち……。何やら得体の知れない感じがしますが、ひとつだけ共通していることがあります。

独自性こそ最強の武器

私は、これまでに多くのコンサルタントの方々をプロデュースしてきた、と申し上げましたが、彼らを売り出していく際、とくに重視していたことがあります。それは、「その人の独自のウリは何か……」ということです。

売れているコンサルタント、一流のコンサルタントに共通していることは、独自の強みや特徴を持っているという点です。その他大勢の同業コンサルタントと、決定的な差別化が図れるのは、この独自の強みがあるからに他なりません。**この独自の強みを、私は「キラーコンテンツ」と呼んでいます**。

よく勘違いされるのですが、キラーコンテンツとは、「見た目がすごい」とか「高級車に乗っている」とか、「英語とドイツ語が話せる」……といった、単なる個人的な特徴とはまったく違います。

また、「地域で一番」とか、「業界で最も安い」といった市場細分化の発想ともまったく別モノです。そのコンサルティングは、他の誰でもなく自分にしかできず、マネも難しく**「他に替えがきかない独自性」**こそが、キラーコンテンツと呼べるものです。

そういう意味で、「コンサルタントになるのに資格は要らない」と申し上げましたが、むしろ私は、「**資格は、場合によっては邪魔になる**」とさえ考えています。理由は簡単です。「資格が、あなたの独自性を消してしまうから」です。

誰でもそうですが、資格を取った方は、名刺にその資格を載せようとします。なかにはうれしそうに、2つ、3つと並べている人もいます。しかし、コンサルタントにとって「独自性こそ強み」であるにもかかわらず、何万人もの人と同じ肩書きということは、自分にとってマイナスである、ということを知らなくてはなりません。

批判を恐れずに申し上げれば、そもそも多くの中小企業の社長にとってみれば、全国に○万人もいる○○士の方に対して、それほど重きなど置いていません。替わりがいくらでもいるからです。

このため、「○○士」と表示されている名刺を受け取ったとき、「あっ、○○の先生ですね」と、口では丁寧な扱いをしてくれても、内心では「○○士の人」として、その他大勢の記憶の中にしまい込んでしまいます。

これは、人のことを覚えるのに、「名前とセットで覚えられるのは、基本的にひとつだけ」という記憶のメカニズムがあるからです。

要は、鈴木さんの肩書に○○士と書いてあれば、「○○士の鈴木さん」とカテゴリー分類で記憶されるということです。もし、あなたがコンサルタントであれば、この段階で大きなハンデを抱えたということが、おわかりになったでしょうか。

あなたもキラーコンテンツを作り出せる

独自のキラーコンテンツを持つことが、売れるコンサルタントの必須の条件と聞いて、「理屈はわかったけれど、それができないから困っているんじゃないか」とか、「他の人にマネできないような、そんなすごい独自のコンサルティングなんて、自分にはとても……」という声が聞こえてきそうです。

まず安心していただきたいのは、**多くの人にとってキラーコンテンツは作り出せる**ということです。たしかに簡単なことではないし、その後の努力も必要です。また、キラーコンテンツがあれば、それだけで後は楽々売れていく……というほど、世の中甘くはありません。しかし、10年以上会社の現場や第一線で活躍してきた方なら、必ずと言っていいほどキラーコンテンツづくりは可能です。

ここでご注意いただきたいことは、表面だけをかじって、マーケティング的な発想でキラーコンテンツを作ろうとすると、後で手痛いしっぺ返しを食らうということです。

今後この分野が伸びてくるからとか、専門性を絞ってといった発想のことですが、こうした手法の場合、一時的に特定の分野の専門家にはなることはできても、コンサルタントとして長く活躍することは難しくなります。理由は、**「知識・情報ベースのものはマネが容易で、調べたり情報を集めることで追いつくことが可能」**だからです。

いわゆる、先行者利益を得ることができても、必ず追いつかれます。**マネされないということも、コンサルタントにとって重要な実務**なのです。

こうしたことを考えるとき、どうやってキラーコンテンツを作るのかと言うと、「自分自身の経験やノウハウを、独自の手法として体系化する」ということです。最大のキーポイントは、**「自分自身の経験やノウハウに基づいて作り出す」**という点です。

こうして作ったキラーコンテンツは、自分自身の経験やノウハウに基づいているため、言ってしまえば、百人いれば百とおりのコンサルティングができ上がります。独自性はもちろん、非常に特徴的であり、マネされにくいという利点も兼ね備えています。

本書を手にされた方は、たいてい、第一線で活躍してきた経験があり、そこには無形のノウハウが宿っているものです。これを、キラーコンテンツに変換するのです。

実際、私が関わった多くのコンサルタントの方々も、最初はキラーコンテンツを持っておらず、作り出したと言えば、みなさん驚かれるでしょうか。そう、あなたにも作ることは十分に可能なのです。

1章

キラーコンテンツこそ、コンサルタント最強の武器

95%の人が、順番を間違えて苦戦している

コンサルタントは裏方の仕事

「はじめまして、コンサルタントのコンサルタントの五藤です」

初対面の名刺交換のときにこう申し上げると、たいていの方が、「ん？　何それ？」と、理解不能という顔をされます。

たしかに「コンサルタント」という言葉が2回も出てくる聞きなれないフレーズだけに、ちょっとわかりにくいかもしれません。ということで、「コンサルタント業のための、ビジネスアドバイス業です」とお伝えすると、まあ何となくわかった……という顔をしていただけます。

世に、経営コンサルタント、営業コンサルタント、マーケティング・コンサルタント、財務コンサルタント、秘書養成コンサルタント、資金調達コンサルタント、ブランド構築コンサルタント……など、さまざまなコンサルタントがいますが、そうした方や、これからコンサルタントとして起業しようとされる方を対象に、「あなたは、これを強みにしたほうがいいですよ」、「コンサルタントとして、売れていくにはこうしたほうがいいですよ」といった

ことをアドバイスする仕事をしています。

コンサルタントの仕事とは原則、裏方の仕事です。表舞台に出てくることは稀ですが、陰に日向になって企業や経営者を支え、事業を伸ばしていくお手伝いをする、とても重要でやりがいのある仕事です。

本書の冒頭で、売れているコンサルタントのイメージについてご質問しましたが、本物のコンサルタントの仕事の本質は「裏方」ですから、一般的な派手なイメージからは、ずいぶんかけ離れているわけです。経営の「軍師的存在」と言えばわかりやすいでしょうか。売れているコンサルタントは、企業の黒子として、文字どおり引っ張りだこで数多くの企業の成長を支えています。

「コンサルタントを企業の黒子とするなら、私はさしずめ「黒子の黒子」といったところでしょうか。現在、本当に役立つ実務指導・コンサルティングができる方を世に送り出すことを仕事として、日夜活動しています。

主に、東京で個別指導を行なっていますが、お越しになられる方は大きく2つのパターンに分かれています。ひとつは、コンサルタントとしてすでに活躍されていて、さらに飛躍するために来られる方です。顧問先も数社お持ちで、収入も1千万円から2千万円くらいあって、もっと大きく活躍したいという積極的な方です。

もうひとつは、これからコンサルタントをはじめる、または、はじめて2年以内くらいの、いわゆる〝新米コンサルタント〟という方です。

すでに活躍されている方の場合、基礎ができていて、コンサルタントとして活動するためには何が必要かご存じの方ばかりです。言ってみれば、どの方角に歩けばいいかはわかっているけれど、もっといい手段や効率のいい方法はないか、ということで来られています。

ですから、こうした方々には、大きく飛躍するための強いキラーコンテンツづくりと実務指導がメインとなり、短期間で成果を出されていきます。一方で、後者の新米コンサルタントの方の場合は、まず方向を示すことからはじめています。多くが、「思うようにコンサルティング契約が取れない」という問題を抱えて来られますが、その理由の大半が、誤った方法を一所懸命に行なっているからです。

とくに、営業職からコンサルタントとして独立起業された方の場合、持ち前のプラス思考と、これまでの営業での実績があるだけに我慢強く、1年も2年も売れない状態であるにもかかわらず、自分なりの方法でがんばっているという方が珍しくありません。

もちろん、「粘り強くがんばる」ということは、とても大切なことです。努力もせずに成果を上げることなど無理な相談だからです。しかし、明らかに見当違いの方角に歩いていたのでは、「いつかは到達するはず……」といくらがんばってみても、目的地にたどり着くことはありません。

努力をするにしても、まずは正しい方向に向けて歩き出すことは絶対条件です。実に当たり前のことを言っているのですが、見当違いの方角に歩いていることに気づかずに、もがいている人がとても多いのです。

コンサルタントと講師は、まったく違う職業

なぜ、進むべき道や方角を間違えてしまう人が多いのでしょうか。普通に考えれば、かなり、おっちょこちょいな感じがしますが、これは、大きな落とし穴があるのに、気がつかないからです。それは、**コンサルタントとセミナー講師、研修講師、ビジネスタレント、講演家といった職業とが、表向きとても似ている**ということです。

よく似ているために、「どれも、それほど大きな違いはないだろう」と思い込んで、自分なりに都合よく活動してしまって、成果が全然上がらずにもがいている、というのが最も多いパターンです。

断っておきますが、本書は「売れるコンサルタントを目指す方」のための本であり、講師やその他の職業のための本ではありません。

これらの職業の方は、みなさん人前で話をされるし、多くの方が本を出しています。他の

方から呼ばれるときも、「先生」とか「本日の講師は……」といった言われ方をするなど、とても似た面があります。

実際、「コンサルタントの○○です」、と自分で言っている人でも全然コンサルティングを理解していない人や、都合よくコンサルタントと言っているだけで、内情はまったく違うという人も珍しくありません。

ですから、駆け出しの方が職業の特性をよく理解せずに、何となく活動してしまっていたとしても、ある意味仕方がないのかもしれません。

コンサルタントを目指しているのに、他の職業の成功方法を一所懸命に行なっていては成果が上がるわけがありません。さらに問題なのは、類似の職業の方が、「こうすればいいよ」と、自分なりの成功方法を伝授している場合です。

おそらく、本人たちには悪気もないだけに、よけいに始末が悪いのですが、結果的にコンサルタントとして活躍できる日が、どんどん遠のいていっているのです。

断言しますが、これらの職業の特性はまったく異なるものです。私に言わせれば、似ているどころか、まったく非なるものであり、当然、進むべき方角も活動方法も違います。

ですから、たとえばビジネスタレントとして成功する方法を実践すればするほど、コンサルタントとしての成功はなくなっていくとさえ言えます。

なぜ、そんなことが断言できるかのと言うと、私は20年以上にわたって、経営者専門のコンサルティング機関において、企画・制作・販売の仕事に携わってきたからです。

具体的には、「社長が高いお金を出してでも知りたくなること」を探してきて、セミナーや書籍、CDなどにして販売する仕事をしてきました。

社長が知りたくなることとは、言葉では簡単でも、これが実に難しく、実際、年中、「何かいいネタはないかな……」、「誰かいい人いないかな……」とアンテナを張り巡らせながら本や新聞・雑誌を読みあさり、講演会やセミナーに参加し、探しまわっていました。

こうして探してくる方々というのは、有名な経営者の場合や現場の第一線で活躍している実務家といった場合もありますが、何か専門的なことを教えているコンサルタントや講師、研究家といった方が多かったという特徴がありました。

順番を間違えると、売れるものも売れなくなる

難しいのは、同じ人の講演会でも、旬の時に面白いテーマで開催すれば人は集まりますが、テーマ設定が悪かったり、開催タイミングが悪いと、まったく売れなくなってしまうという点です。「誰を・いつ・どのようなテーマで」売り出すかは、プロデューサーの腕が試される重要なポイントです。

そしてもうひとつ、「われわれの役割は、経営者に本当に役立つものを提供すること」ということを、明確に目標として掲げて仕事をするというのが特徴でした。

ですから、セミナーに参加された社長や、書籍を買っていただいた社長からの、「この前のセミナー、よかったよ！」といったお声がけは本当にうれしいものでした。

この判断基準の延長線上に、セミナーでも本でも、売れることはもちろん大前提としてですが、ご利用いただいた経営者の方々が、その著者や先生を個別で利用されるかどうかも重視していました。

要するに、「本を読んですごくいいと思ったら、その著者に連絡をしたり、コンサルティングをお願いするはず」ということです。それこそが、本当に役立っているということであり、その行動力の速さが、経営者たるゆえんだからです。

もちろん、セミナーに参加された方や本を買われた方が全員、コンサルティングを依頼されるというようなことはあり得ません。しかし、1人でも多くの経営者の方とコンサルタントの方が仕事で結びつくことを強く願って、セミナー企画をしたり、本づくりをしていたことは事実です。

ですから当然、お呼びする方は、その道のプロでなければなりません。そもそも、本当に、その道の専門家やスペシャリストかどうかを見抜ける目がなければ話にならないし、その人ならではの、経営者が気になるようなテーマ設定ができなければ、プロデューサーとしての仕事はできません。

テーマ設定はとくに重要で、売れなかった講師でも、テーマを変えてセミナーを開いたら急に売れ出したといったことも珍しくありません。その人ならではの強みや特徴をいかに引き出すか、という「料理」は、実に重要な仕事だったのです。

こうした背景があるからこそ、私は、コンサルタント、セミナー講師、研修講師、ビジネスタレント、講演家によって、売れていくための方法や活動の仕方、そして売り出し方も、まったく違うと断言するのです。

似ていても違っていれば、やり方は異なります。経験的には、売れていないコンサルタントの方の95%が、コンサルタントとして成功していくための正しい順序を踏んでおらず、講師やビジネスタレントといった、似て非なる他の仕事のやり方をしてしまっているのです。

それは、「漠然と、コンサルタントとして活動をはじめてしまった」ということが最大の原因です。手順を間違えると、売れるものも売れなくなるから怖いのです。

一方で、手順をきちんと守って進めていけば、昨日まで年収３００万円だったサラリーマンが、あれよあれよという間に売れっ子の、超一流のコンサルタントになってしまう、ということも夢ではありません。

ずぶの素人が売れるコンサルタントになるまで

人生を変えた1冊

売れるコンサルタントになるためには、テレビや新聞雑誌に出る必要もなければ、セミナーや講演が上手にできる必要もありません。また、売れているイメージを作り出す必要もなければ、下積みの実績もとくに必要ありません。もちろん、資格も不要です。そうしたことをご理解いただくために、最もわかりやすい、年収３００万円から脱出し、一流コンサルタントになられたS先生の事例をご紹介しましょう。

S先生とは、ざっと15年ほど前に初めてお会いしたのですが、その当時、年齢は50歳で年収３００万円のサラリーマンでした。デフレが声高に叫ばれるより以前ですから、失礼ながらかなり低い年収です。しかも、お子さんが２人いらっしゃって、大学生と高校生という非常にお金のかかる時期でした。

当然ながら、そのような状態に奥さんはいい顔をするはずもなく、「かなり辛く当たられた」と、話されていました。大成功された今だからこそ、笑い話ですが。

このSさんの人生をガラリと変えたのは、他ならぬご自身による一念発起がキッカケでした。ベンチャー企業でもない会社に50歳で勤め人、そこから急に収入が増えるということは、常識的にはまずあり得ません。そんな人生から抜け出すために自分に何ができるか、を真剣に考えた結果、ペンネームで本を書かれたのです。

Sさんは、ある業界紙の新聞記者をされていたのですが、その業界についての本を書かれて、それが運よく出版されました。この本を、「何か、面白いネタはないかな～」と、年中探し回っていたわれわれは書店で手にすることになったのです。

前述しましたが、経営者向けの企画のネタを、日夜追い求めて探すのがわれわれの仕事ですから、本屋で何か目新しい本を見つけたら、ほとんど迷うことなく買います。職員の誰かが既に買っているかも、と購入を渋ることなどまずありません。ダブっていても、それはそれでオッケー。というのも、もし買わずに売り切れてしまったら、その本と二度と出会えないかもしれないからです。

ビジネス書の1冊の値段は、千円から高くても3千円くらいまでがほとんどです。経営者向けのセミナーや本の企画を行なうわれわれにとって、ひとつ企画が当たれば、何十冊の本の代金など取るに足りない金額です。「とにかく、気になる本を見つけたら買う」が鉄則でした。

実際、書店で見つけて購入した後、その後一切見かけなくなった本はごまんとあるし、一瞬迷ってしまったため、「買っておけばよかった……」と、後悔した本も少なからずあります。

本の最初の印刷発行分を「初版」といい、売れ行き好調で在庫がなくなれば追加印刷をすることになります。追加印刷のことを「増刷」といい、ベストセラーになれば50回とか、さらにすごい本になれば１００回以上も増刷されるものもあります。

しかし、売れなければ当然増刷はありません。書店店頭は「売場」ですから、売れない本は残念ながらはずされる運命にあり、消えていくことになります。

そして困ったことに、われわれにとって企画のネタになりやすい本とは、内容は非常にいいにもかかわらず、専門性が強いことや大衆に迎合をしていないため、ベストセラーやロングセラーになることが非常に少ないのです。初版や増刷1回で消えてしまうことも、決して珍しくありません。

実際、このSさんの本もすぐに店頭から消えてしまい、入手不可能になってしまいました。

しかし、この出版の結果、Sさんがコンサルタントとして活躍するまでのスピードが、非常に速まったことだけは間違いありません。それは、コンサルタントとして成功するために必要な実務を、短期間に吸収することになったからです。

経営者向けのセミナー企画が作られたのですが、Sさんが新聞記者をしていた「ある業界紙」というのは、「通信販売」業界で、当時、通信販売に関する実務指導ができる人というのがほとんどおらず、ちょうどいい隙間があったのです。

今でこそ、「通販」は多くの会社が手がける非常に普及した手法ですが、日本にまだ「楽天市場」もなく、通販といえば、カタログ通販の専業企業がイメージされていた時代です。売上げが上がる、具体的な新しい売り方として、「通販」をキラーコンテンツに設定して、彗星のごとく、ご登場いただいたというわけです。

こう書くと、最初からすばらしい船出のようですが、内情はひどいと言うか、とても書籍で書けないことも多くありました。というのも、Sさんは会社に内緒で、ペンネームで本を書いたことがバレて、会社をクビになってしまったのです。少ないと言いながらも、300万円あった年収がゼロになってしまったのです。

コンサルタントとして成功するしかないという、よく言えば「背水の陣」ですが、Sさんはそれまで新聞記者をしていたため、当然ながらコンサルティングの経験もセミナー講師の経験も、一切ない状況からのスタートだったのです。

話が下手でもコンサルタントになれる

業界新聞で記者をされていただけに、知識だけは豊富なSさんでしたが、経営者向けにセミナー講師として話をするとなると、これはまったく別問題です。知識を、単にペラペラとしゃべっても、経営者は相手にしてくれません。「実務の匂い」がしないと、経営者は寄ってきてくれないからです。

面白いもので、経営者向けのセミナーの場合、話の上手下手というのはあまり重要視されません。経営者視点で、「儲かる話をしているか」「信頼に足る人物で、実務の匂いがするか」という点が大きなポイントになります。

そのような意味では、経験もなければお世辞にも話が上手ではなかったSさんにも、何とかなるチャンスがあったのです。

ただし、チャンスがあると言っても、これまで記者をしてきたサラリーマンですから、通信販売における実務経験などあるはずもありません。これをどうするかですが、当時、Sさんの担当者だったK部長は、この打開策として、通信販売に関する業者を、セミナー講師として一緒に呼ぶという方法をとったのです。

通信販売を実際に行なうには、さまざまな業者と連携する必要があります。ダイレクトメールを実施するには印刷物を用意して、封入・発送という作業があります。カタログ販売をするならカタログの製作も必要だし、ある程度規模が大きくなってきたら、注文を受けるためのコールセンターも設置する必要が出てきます。

また、売れたら商品を発送しなければならないため、梱包発送の仕組みが必要です。リピーターづくりのためには顧客管理も必要ですから、そうしたシステムも必要になってきます。こうした実務を請け負ってくれる業者を、セミナーのサブ講師として用意したのです。

Sさんにはメインの講師をしていただき、実務の部分は業者の力を借りるといったところでしょうか。いずれにしろ、この方法でセミナーを開催する運びとなり、Sさんは講師としてスタートすることになりました。

セミナー当日、Sさんは「先生」となって、経営者の前で話をすることになりましたが、これまで人前で話をしたことがなかった人が、いきなり本番でうまくしゃべれるなどということは、やはり夢物語です。

現実はそんなに甘くはなく、休憩時間のたびに、「先生、ポイントを絞って話してください」とか、「先生、もっと事例を……」「目線と動きは……」「社長が聞きたいのは、お金のからんだ話と結論……」などなど、ひっきりなしに注文を出して、さながらセミナー実施中における、OJT訓練のようなありさまでした。

今でこそ、当時の話をすると笑い話になりますが、誰でも初めて人前で話をするときには緊張してあがってしまうものです。それが、中小企業の経営者ばかり30人が高いお金を払って集まってきていて、自分がメインの講師として話をするとなると、想像しただけでも胃が痛くなる人も多いのではないでしょうか。

S先生の場合も当然というか、講演としての点数をつけると、まあひどい点をつけざるを得ないような状況だったのですが、どうにかこうにか、「先生」としてスタートを切ることができたのです。

そして狙いどおり、参加した経営者からの評判は思いの外いいものだったのです。

たしかに、お世辞にも講演は上手ではなく、口ごもることもあれば説明下手な場面も多々ありました。ホワイトボードに向かって書き続けるために文字が見づらかったり、緊張のあまり同じところばかりを見ながら話を続けるなど、スピーチ教室や講師養成スクールなどだったら、間違いなく落第という惨状でしたが、先ほどもお伝えしたように、経営者はそのようなことにあまり頓着しないのです。

「カネの匂い」が感じ取れる内容で、人物的な信頼感が伝われば、経営者は多少のことには目をつぶって話を聞いてくれます。多くの事例を話して、「こうすればうまくいく」ということを、真摯にそして体当たりで話をされたS先生の話は、まさにそれを証明するようなセミナーになったのです。

そして、その意味では、初めてのセミナーでサポート体制があったにせよ、「及第点に達していた」ということです。話が下手でも、コンサルタントになれるのです。

わかりやすさは強烈な武器

セミナーが終了しても、安心してはいられません。コンサルタントとして活躍していくためには、実務コンサルティングにつながらなくては何もはじまらないからです。

コンサルティング契約につながらなくて、長らく苦戦するコンサルタントの方も多いのですが、幸いS先生の場合、割と短期間に数社の契約が決まりました。

これは、キラーコンテンツとともに、コンサルティングのメニューの明朗さがきわめて重要なポイントとなります。S先生の場合、コンサルティングの特徴を明確にするために、「資金500万円、6ヶ月で貴社に通販事業部を立ち上げます」というキャッチコピーを用意。これが奏功したのと、セミナーで経営者から信頼を勝ち得ていた、ということが大きな理由です。

仕組みはこうです。資金500万円を用意してもらえれば、通販事業を立ち上げるためのコンピュータ設備、商品に貼るシールやチラシ作成、ダイレクトメールといった販売促進費まで含めた、スタートに必要な一切合財の仕組みを御社に構築します、というものです。

しかも、この500万円の中にはコンサルティングフィーも含まれているという、明快な料金設定です。実際には、余裕も含めていた金額設定であったため、後からあれが足りないとか、追加で何が必要といったことは一切なしの明朗会計で、このわかりやすさが経営者の心をとらえたのです。

それで、S先生の身入りはというと、コンサルティングフィーは当初、月1回、1回あたり2時間の訪問で10万円。6ヶ月で60万円が正味。残りの440万円を上手に使いながら、通販事業を立ち上げてくれるコンサルタントというわけです。

もちろん、無駄なお金の使い方は一切しません。「できるだけ、小さくテストを繰り返し、その会社に合った、いけるという手法を見つけ出して徐々に大きくしていく」というのがコンサルティングの大方針でした。

資金に余裕があるからと言っても、コンサル代を多くもらうということも一切ないし、初年度1億円、2年目2億円、3年目5億円の売上げを実現し、営業利益10％を確保するという姿勢は、経営者にとって非常に魅力的だったのです。

実際、余裕を見て用意してもらった500万円は、使いきることなく通販が売れ出して儲かりはじめたという指導先が多く、経営者からの評判は上がっていったのです。

ほどなくして、コンサルティング先の数は片手を超えて、数年後にはコンサルティングフィーも月額20万円にアップ。10社以上の契約を抱えるコンサルタントに成長していったのです。年収の話で恐縮ですが、多少の変動はあるにせよ、ざっくり1500万円から2000万円ほどになったということです。

後述しますが、わかりやすさ、明朗さというのは、コンサルタントが売れていくために、きわめて重要なポイントとなります。これを改善するだけで、急に売れ出すコンサルタントもいるほどです。

言ってしまえば、少し前までコンサルタントとしてずぶの素人であっても、本人に覚悟があって、キラーコンテンツの設定とわかりやすいコンサルティングメニューがあれば、一流になることは可能ということなのです。

もちろん、コンサルティングにおいて、「真摯さ」というのは非常に大切です。S先生の場合、依頼された経営者にうかがってみると、実直な人柄と最後まで逃げない姿勢が高く評価されていました。

というのも、コンサルティングの現場において、予定どおりに事が進むとは限りません。このときの、S先生の「何とかしてあげたい」という真摯な姿勢を、経営者はしっかりと見ていたのです。

顧問先5倍増で超一流コンサルタントに

一流の仲間入りは年収3千万円から

さて、このS先生ですが、話はこれで終わりではありません。私が以前働いていた会社は、中小企業経営者を対象とした、日本有数のコンサルティング機関であり、一流コンサルタントの先生方が、たくさん出入りされていました。

たびたび年収の話で恐縮ですが、わかりやすいひとつの指標として言えば、ざっと3千万円くらいでやっと一人前で、5千万円を超えている人も珍しくないし、1億円プレーヤーもけっこういます。

「そんなにすごい人がいるの?」とよく聞かれるのですが、世の中には表舞台にあまり立たない超一流という方がいらっしゃるのです。それもいかにも……というようなことはまったくありません。一見、普通の人に見える方々ばかりです。

S先生は、コンサルタントとして売れはじめていて、世間で言えば十分儲かって売れているコンサルタントと言えたかもしれませんが、社内の指標で言えばまだまだ……というのが実情でした。ちょっと無茶な指標かもしれませんが……。

それなりに売れていたS先生を、大きく飛躍させたもの、それは出版でした。私は出版部門に属していたので、S先生の実直さと、実務としての面白さを見て、先生の本を作ろうと考えたのです。必ず、経営者に役立つ本ができるという強い思いと、そしてS先生に、名実ともに一流のコンサルタントになっていただきたいという思いからです。

本といっても、普通に本を作っても面白くないので、先生の横にべったり張り付いて、通販を立ち上げるためのさまざまなノウハウを網羅した、経営者向けの実務本を作ることにしました。

ですから、本と言っても、写真や資料が豊富に掲載されていて、通販立ち上げの実務が具体的にわかる、という実践マニュアル書を目指したのです。

通販の実務は、非常に繊細かつ複雑な部分が多いため、資料づくりも含めて本の制作は難渋を極め、先生との打ち合わせは10ヶ月の間に50回を数えました。考えてみれば、1年間は52週なので、週に1回以上会っていたことになる計算です。

ちなみに、私のいた出版部門では、編集から販売まで、全部を1人の担当者が行なうというユニークなスタイルをとっていました。

一般的な出版社の場合、編集者が書籍の販売実務に直接携ることはまずありません。営業は営業で、別の担当が行なうのが普通で、大手になるほど広告は広告専門、本のデザインはデザインの専門担当者が、というように細かく分かれて仕事をします。

少人数体制だったということも大きな理由かもしれませんが、経営者に対して直接われわれの企画を届けたいという会社としての方針によって、一気通貫体制を維持していたというのが最大の理由です。

このため、売り方もちょっと変わっていて、書店店頭で販売する比率は全体の3割程度。大半は、経営者に直接ダイレクトメールで案内して買っていただくというスタイルです。

このため、そのダイレクトメールのパンフレットも全部、その本の担当者自らが製作していました。新聞広告も同様で、広告を出す場合は、その広告紙面の製作もパソコンソフトを使って製作していました。

これには大きなメリットがありました。本が売れなかったとき、「営業がちゃんとやらないから……」とか、「このキャッチコピーが悪いから……」とか、「こんなテーマで編集サイドが作るから……」といった、内部でのありがちな言い争いは、「すべて自分のせい？」というひと言で片づいてしまうということです。

まあ、それは半分冗談として、1人ですべて行なうということは、企画の段階から最終的な売り出しのところまで、ブレることなく一貫させることができるメリットがありました。

一流コンサルタントの誕生

よく、コンサルタントは本を出せば売れるようになる、という話を聞きます。これは、ある面では正しいのですが、本を出しても、全然仕事が増えないという人も珍しくありません。売れるためには、重要な条件があるのです。簡単に言えば、最終的にリーチすべき対象者に、コンサルティングテーマが届いているかどうか、ということが最大のポイントです。

本づくりを一気通貫体制で行なっていたと申し上げましたが、実はこれによる最大のメリットは、「こうすればうまくできますよ」というコンサルティングの具体方法と魅力を経営者に伝え、これにより一定の確率でコンサルティングにつながるように、という趣旨が最後まで届けられる点にあります。

というのも、複数の人が関わることで、この軸がブレてしまうことがあり、何のために本を出すのかがぼやけてしまうことが多々あるからです。軸がブレてしまった本の場合、たくさん売れたとしても、仕事にはつながらないということが起きます。

S先生の場合、幸いというか、私自身も考えに考えて努力して本の制作を行なったのですが、非常に高額なマニュアル書ながら、予想を大きく超える部数の販売につながったのと同時に、高確率でコンサルティングに結びつくようになったのです。企画者冥利に尽きる、とはこのことです。

本の出版後、しばらくしてS先生とお会いする機会があって、東京は神田のいつもの居酒屋で一杯酌み交わしていたときのことです。「先生、最近調子はいかがですか？」とうかがうと、「いや〜、たいへんですよ！」とのこと。

何でも、コンサルティングの依頼が急に増えて、今は月に63社回っているとのこと。一瞬、意味がわからなくなりそうになったのですが、そもそも1ヶ月は30日なので、63社を回るためには、単純計算で1日に2社以上回らないと物理的に無理ということです。3社回る日も珍しくないわけで、なるほどこれは、最初に決めた「1回2時間訪問」というスタイルがなせる技ということもありますが、肉体的には相当厳しいはずです。

「先生、全国各地飛び回って、さぞたいへんでしょう」と、先生が好きな濃い目の焼酎の水割りを作りながら聞いてみると、S先生はちょっとやつれぎみではあってもニコニコ顔でした。それもそのはずで、月に63社ということは、20万円×60社で月に1200万円以上です。全部が1年間以上続くとは限らないとしても、当然のごとく年収1億円以上になるわけですから、笑みがこぼれるのも無理はありません。

そして面白いのは、「先生、あんまり無理すると体を壊すのでほどほどに」とお伝えしたところ、「昔の辛かった頃に比べると、経営者から必要とされるこの喜びは本当にありがたいことなんだよ」との言葉が返ってきたことです。名実ともに一流コンサルタント誕生の瞬間です。

これは、最初にS先生とお会いしてからわずか8年後の出来事です。真に売れていくためには、運や努力も必要かもしれません。しかし、コンサルタントを目指しているなら、最も重要なのは、**自分だけの「キラーコンテンツ」を持つことと、売れていくための正しい手順をしっかりと踏んでいくこと**です。

どんなに優れた才能があっても、間違った手順で努力をしていれば、なかなか芽が出ることはありません。下手をすると、一生芽が出ないままということもあります。

S先生の場合、ご本人が「特別な才能どころか、何も持っていなかった」と話されるのはご謙遜としても、経営者を対象にした、「通販事業立ち上げ」の先駆者的存在といった方向性ではなく、経営全般のコンサルタントとして活躍を目指していたら、これほどうまくいっていたかどうかわからないと考えています。

私は10年、20年と、会社勤めをされていた方や、店や工場、経営の現場で仕事をされてきた方々には、プロフェッショナル業として活躍される潜在的な力が宿っていると考えていますが、これを正しい手順で開花させるかどうか、が最も重要なことなのです。誰にでも大いにチャンスはあるということです。

売れているコンサルタントとは、いったいどのような人か、ということをわかりやすくご説明するために、あえて本書の冒頭でS先生の事例をご紹介しましたが、ずいぶんとイメージと違っていたという方も多いかもしれません。

また、「そんなすごいコンサルタントの話は、自分とは違い過ぎて実感が湧かない」という方も多いことと思います。


次章からは、もっと身近な事例をあげながら、コンサルタントとして売れていくための大事な実務とステップについてわかりやすくご説明していきます。

売れているコンサルタントは、単にセミナーをしたから売れたとか、本を出したから売れた、といった単純なものではありません。正しい手順を知って確実に行なっていくことで、はじめて成果に結びつくのです。次章からそのカラクリを解き明かしていきます。

2章

一流コンサルタントになるための、テーマ設定の原理原則

コンサルタントを目指す人が陥る罠

本を出して講演すれば……は幻想

売れるコンサルタントになるためには手順がある、と申し上げましたが、これをわかりやすくご説明するために、ある営業コンサルタントの方を例に、順にご説明していきたいと思います。

コンサルタント志望の方が陥りがちな、よく耳にする事柄が随所に出てくること、成功に至る途上の現在進行形であることなどから、読者のみなさんに身近に感じていただきやすく、ご理解が進むと考えるからです。

営業コンサルタントのFさんとの出会いは、都内で催された出版関係のパーティー会場でのことでした。その後、何度かお会いしていましたが、正直、それほど深い印象を持っていませんでした。それが、ある下町の居酒屋での出来事で一変しました。

海の家をイメージさせるような、雑多ながら親しみの湧く庶民的な店でした。注文した魚などを、各テーブルに用意された焼き台で、自分で調理して食べるというスタイルの店です。

店内はたいへんな賑わいぶりで、目の前の人と話をするのにも、かなり大きな声を出さないと聞こえないほどでした。

この日、40歳を少し過ぎた営業コンサルタントのFさんから、「一杯やりませんか?」とお誘いをいただき、地元の気楽に飲める店の座敷に上がって盃を交わしていたのです。

もともと、仕事の話で飲む予定ではなかったため、会話は最近のヒット商品や伸びている会社の話、ネットのサービスや音楽の話など、とりとめもない内容がほとんどでした。しかし、「コンサルティング」の話をきっかけに、Fさんは突然、

「ゴトウさん、私を弟子にしてください!」

と、詰め寄ってこられたのです。

「へっ?」

あまりにも唐突だったため、私は思わずお酒を噴き出す始末でした。

ずいぶん面白い冗談? と思ったのですが、彼のほうを見ると、とても冗談を言っているようには見えません。むしろ、うっすらと涙を浮かべているようにさえ見え、その真剣さはひと目でわかりました。

もちろん、弟子と言っても、師弟関係という意味ではありません。「コンサルタントとしてやっていく方法を、自分に教えてほしい」という意味でした。

ずいぶん困っていらっしゃるんだなと、胸が痛くなりましたが、さすがに酔った勢いで「はい、わかりました」と軽々しく受けるのは、いくらなんでも失礼と思い、「明日、あなたの事務所にうかがいますから、そこでもう一度お話をお聞かせください」とお答えするに留めました。

翌朝、地下鉄の駅を上がり、彼の事務所に向かいました。なるほど、「駅近物件ですが、ビルについてから時間がかかりますよ」と言うだけあって、古い6階建ての雑居ビルにはエレベーターはなし。階段で上がるには、たしかに時間がかかりそうな事務所でした。約束の時間より、かなり前だったのですが、遅れるよりはマシと、階段をゆっくり上がることにし、少し息を切らせながら事務所の扉を叩いたのです。

「まだ早すぎたかな?」と思ったのも束の間、階段を上がってくる靴音を察していたのか、「お待ちしておりました」と、扉がスッと開くと、彼はきちっとしたスーツ姿で開口一番、「昨日のお話のことですが、私は本気です。どうか教えてください」と真剣な眼差しで頭を下げてこられたのです。

実は正直なところ、事務所にうかがうまでは、少しでも、「いや、あれは……」という感じがあればお受けするのを断ろう、と考えていました。しかし、彼の真剣な態度に触れた瞬間、この考えは消えました。迷いが微塵も感じられなかったからです。

お話をうかがうと、営業コンサルタントとして活動して2年近くになり、プロに習って営業マン向けの本も出版できたし、講演の技法も学んだ。お陰で、全国の商工会やセミナー会社などから、研修や講演の依頼ももらえるようになった。

営業マン向けの研修では、「受講生を寝かせることはありませんよ」と言うだけあって評判もいいらしく、アンケート結果も二重丸ばかり。研修担当者からも「よかったですよ」と高評価をいただいていると言います。毎月、講演の依頼があって、忙しく仕事をしているとのことでした。そう、一般的にはまったく問題がないように見える状態です。

しかし、「コンサルティング契約につながらないんでしょう？」と突っ込んでみると、「えっ？」という驚いた表情とともに、「そ、そうなんですよ！　本題を言う前に何でわかるんですか？」という言葉が返ってきました。

Fさんいわく、本を出せば有名になって、セミナーや講演の依頼が来るようになり、上手に話ができれば顧問契約が取れて、立派なコンサルタントになれる……そう思い描いて着々とこなしてきたというのです。

それなのに、未だに1件のコンサルティング契約も取れないという現実に、「自分は、コンサルタントとして本当にやっていけるのかどうか、自信がなくなってきた」と言うのです。

誰でもそうですが、契約が取れず、売上げが上がらないと恐怖に押しつぶされそうになるものです。あれだけあった自信はなくなり、笑顔も失せていきます。何をするにも不安になるし、何をしていいか頭が回らなくなっていきます。

世間から見れば、講演や研修で全国を飛び回って活躍している立派な先生なのに、実態は、思い描いた状態とはほど遠く、その差はますます広がっていく――。

こんなはずでは……とは思いながらも、何が悪いのかさえわからない。彼はまさに、「間違った方法でコンサルタントを目指す」という罠に、すっかりハマってもがいていた典型例だったのです。

実は、Fさんに限らず、表向き大活躍、実際はたいへん！　という同じような罠にハマっている方は非常に多くいます。これからご説明する講師とコンサルタントの違いを理解していなければ、ブログやソーシャルメディアなど、本人がインターネットに書き込むさまざまな情報からは、非常に活躍している？　としか見えないかもしれません。

実際、Fさんの場合も、周囲の人からは大活躍と思われていました。しかし、わかっている人が見れば一目瞭然で、一発でわかります。「あっ、この人、食べられていない……」と。

これは、ほぼ間違いなく当たります。もちろん、勘などではありません。

やり方を間違っていれば、やればやるほどダメになる

Ｆさんは、前のめって椅子から落ちそうになりながら、「こんなに一所懸命やっているのに、自分のやり方の何が悪いんでしょうか？　なぜ売れるようにならないんですか？　コンサル契約が取れるようになるには、どうすればいいんですか？」と矢継ぎ早に聞いてきました。

Ｆさんは、これまでにいろいろな人に「どうすれば、売れるようになるか」を、山ほど聞いてきたそうです。

「人を引きつける講演ができていないからダメだ」
「本がヒットしていないからで、売れる本を出さないと……」
「セミナー会社や商工会の担当者などに、もっと顔を売って……」
「ホームページに、もっと幅広くメニューを掲載するべきだ」
「実績がないのに、コンサルティングの単価が高過ぎる」
「バックエンドの獲得は確率論だから、講演回数をもっと増やして」
「仕事を振ってもらえるように、先輩コンサルタントにつくべきだ」
「資格がなければ信頼されないし、仕事は取れない」
「あなた自身のことをもっとアピールしないと、わかってもらえない」

「名刺に、もっと趣味とか経歴など、盛りだくさんの情報を載せて」……

なるほど、それなりにごもっともなことばかりです。

実際、私も同じようなことをおっしゃる方に、お会いしたことがあります。しかし、私の考えは違っていて、これらのことをまったく重要とは考えていません。むしろ、間違いとさえ考えています。

なぜなら、どれも本質的に、**「コンサルタントとして成功する」ことには関係がない**からです。

本書の冒頭でも触れましたが、研修講師やビジネスタレント、講演家といった、コンサルタントとは似て非なる職業の成功方法をマネしていくら努力をしても、コンサルタントとして成功することはできません。

たしかに、ここで挙げた方法のいくつかは、他の似ている職業の成功方法かもしれません。しかし、コンサルタントとしての成功を望むのであれば、「コンサルタントとしての成功方法」を行なわなければ、単に遠回りするだけに留まらず、やればやるほど成功が遠のいていくことになります。

そのような意味で、ここに挙げられた方法は、すべて的外れなアドバイスということです。

気の毒なことに、Fさんはものの見事に、これらのアドバイスの大半を実際に行なっていて、まさに、やればやるほど……の罠にハマっていたのです。

では、実際には何が問題なのでしょうか。私の答えは、きわめてシンプルです。それは、**「コンサルティングのテーマが、経営者対象ではない」**からです。

えっ？　たったそれだけ？　と言われる方も多いかもしれませんが、一流コンサルタントを目指すなら、コンサルティングテーマが、基本的に「経営者対象」でなければ成立しません。いくら似ていても、セミナー講師や研修講師とは、テーマ設定や対象がまるで違うのです。このことを理解していないと、どんなに努力をしても、売れるコンサルタントとして離陸することはできない、という悲劇に見舞われます。

「テーマが経営者対象でないだけで、売れるコンサルタントになれないなんて聞いたことがない！」という声が聞こえてきそうなので、もう少しわかりやすくご説明しましょう。

絶対に知らなくてはならない先生業の構図

4つのゾーンの「先生業」

次ページの図は、いわゆる「先生業」の構図です。先に断っておきますが、これは、どのゾーンがいいとか悪いとかを言っているものではありません。特徴や違いがあることを理解していただくために、私が考案した図です。

縦軸は「教えている内容の難易度」で、上段は「専門的な内容」、下段は「やさしい内容」と分けています。また、横軸は「聴く側（生徒）の人数」で、左側は「大人数を相手に」、右側は「少人数やマンツーマン」です。ＡＢＣＤの４つのゾーンに分かれていますが、ゾーンごとに、代表的な例を挙げると、以下のようなものになります。

Aゾーン↓　学校、学習塾、簡単かつ大人数で習うこと
Bゾーン↓　簿記、経理、ビジネス研修、秘書講座、ビジネスマナー
Cゾーン↓　ピアノやパソコンなどのお稽古ごと、個人レッスン、家庭教師
Dゾーン↓　個別相談、個別対応、個別コンサルティング

「先生業」の構図（1）

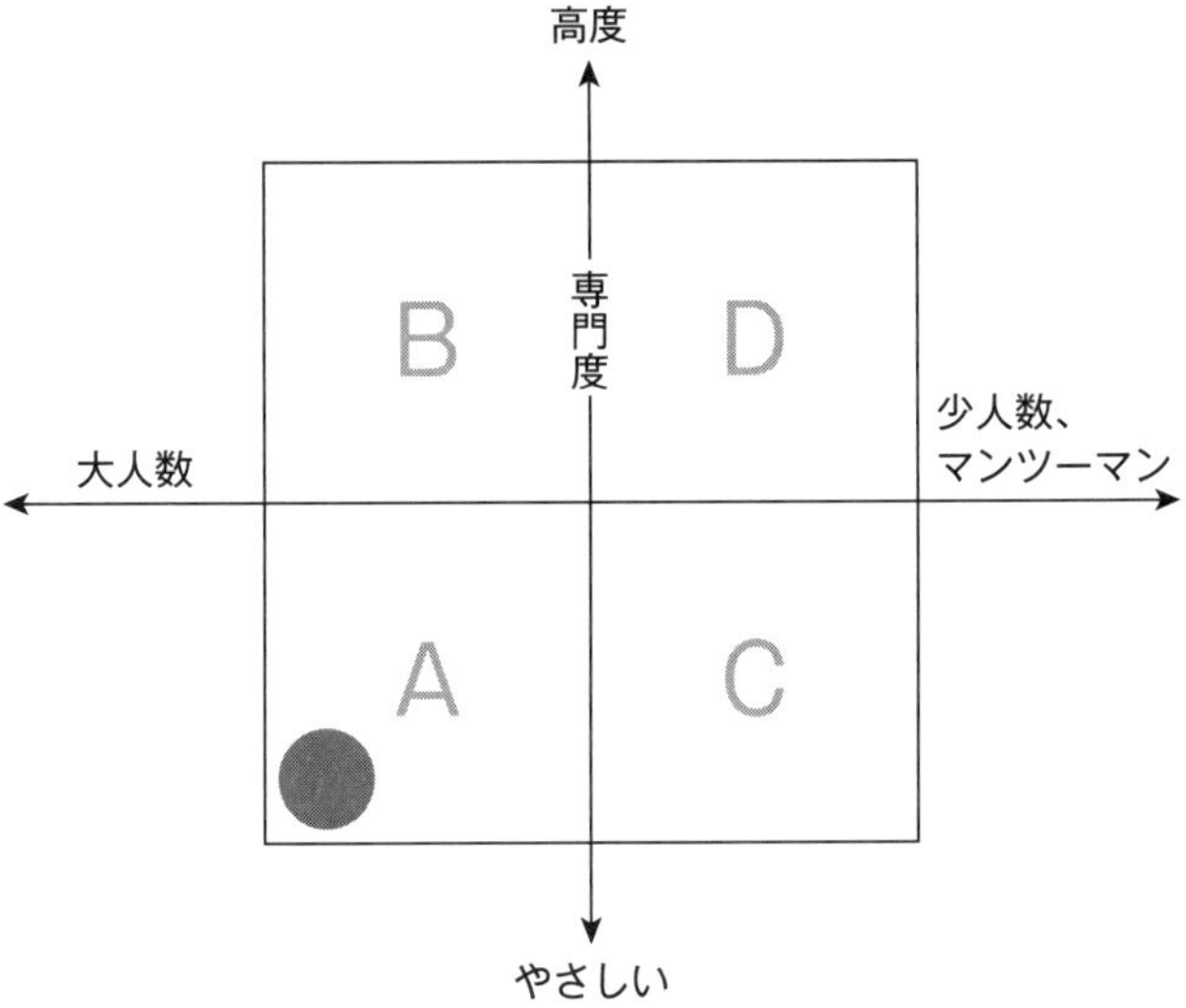

Aゾーン ⇨ 学校、学習塾、簡単かつ大人数で習うこと
Bゾーン ⇨ 簿記、経理、在庫管理、秘書講座、ビジネスマナー
Cゾーン ⇨ ピアノやパソコンなどのお稽古ごと、個人レッスン、家庭教師
Dゾーン ⇨ 個別相談、個別対応、個別コンサルティング

©Dragon Consulting

これらは、厳密な区分けというより、あくまでもイメージ的なものとしてとらえてください。当然、ちょうど中間に位置する先生業や例外もあると思いますが、こうして区分けをすると特徴が際立つため、理解しやすくなります。

もちろん、単なる区分けをしたいがために、このような図を出したわではありません。非常に重要な区分けなので補足します。

たとえば、Aゾーンの左下にあるグレーの円、ここに該当するのはどのような先生業だと思いますか？

大人数を相手にやさしい内容を教える……、そう、ここの典型は「義務教育」です。一部の例外を除けば、どこでも小学校や中学校では大人数を相手に教えます。そしてその内容は、社会人なら全員、習ったことがありますから専門度は低く、やさしいと言えます。そのような意味で、Aのゾーンは学校系が当てはまりやすいゾーンです。

Bのゾーンは、大人数を相手に、専門度が高い内容を教える先生です。具体的には、ビジネスマナーや秘書講座、営業マン向けのセールス研修、簿記・経理セミナーなどの先生が該当しますが、つまりここの典型的な先生とは、いわゆる「セミナー講師」や「研修講師」の先生です。

またCのゾーンはというと、少人数やマンツーマンでやさしいことを教える先生。いわゆるお稽古ごとが多いゾーンです。具体的には、ピアノやパソコン、家庭教師、水泳、ゴルフ、フラワーアレンジメント、ダンス、インテリア、陶芸などの先生が該当しますが、つまり、ここの典型的な先生とは、いわゆる「個人レッスン」「カルチャースクール」の先生です。

最後にDのゾーンですが、ここは少人数やマンツーマンで専門的な内容を教える先生です。具体的には、企業や経営者、エグゼクティブ層を相手にするような専門的な内容の個別相談、個別コンサルティング、カウンセリングを行なう先生などが該当し、典型的な例は、いわゆる「経営ドクター」や「コンサルタント」といった先生です。

区分けをすると、同じ「先生」という呼び名でも、かなり違いがあることがおわかりいただけると思います。私はこの図を説明する際、ご理解いただきやすいように、各ゾーンの頭文字をとって、次のようにお伝えしています。

Aゾーン――Academy（アカデミー）のA
Bゾーン――Business（ビジネス）のB
Cゾーン――Culture（カルチャー）のC
Dゾーン――Doctor（ドクター）のD

ビジネス系かどうかはきわめて重要

先生業を大きく4つのゾーンに分けて、代表的な例を示しましたが、もちろん区分けすることが目的ではありません。これら4つのゾーンの先生には、それぞれ重大な違いがあることをご説明するためです。

この図に、上下に分かれるように真横に線を引くと、上段はBとDのゾーン、下段はAとCのゾーンとに分かれます。さて、この区分けは何を意味しているのでしょうか。

覚えていただきやすいように、私は日頃は「BはビジネスのB」、「DはドクターのD」とご説明しています。BとDはビジネスのゾーンで、研修講師やセミナー講師、コンサルタントといった先生のゾーンなのです。その一方で下段のAとCは、「アカデミーのA」、「カルチャーのC」に代表されるように、個人もの、プライベートものの先生です。

勘のいい方ならもうお察しのことと思いますが、**この上下の違いは、ビジネスものかプライベートものかの線引き**になります。

そして、同じ先生業でも、ビジネスもののほうが単価が高く、商売としてやりやすい、という違いがあります。たとえば、セミナーなどでも、ビジネスものであれば、3時間のセミナーで1万円を越すものは決して珍しくありません。経営者対象のセミナーであれば、5万円を越すものもザラです。

「先生業」の構図（2）

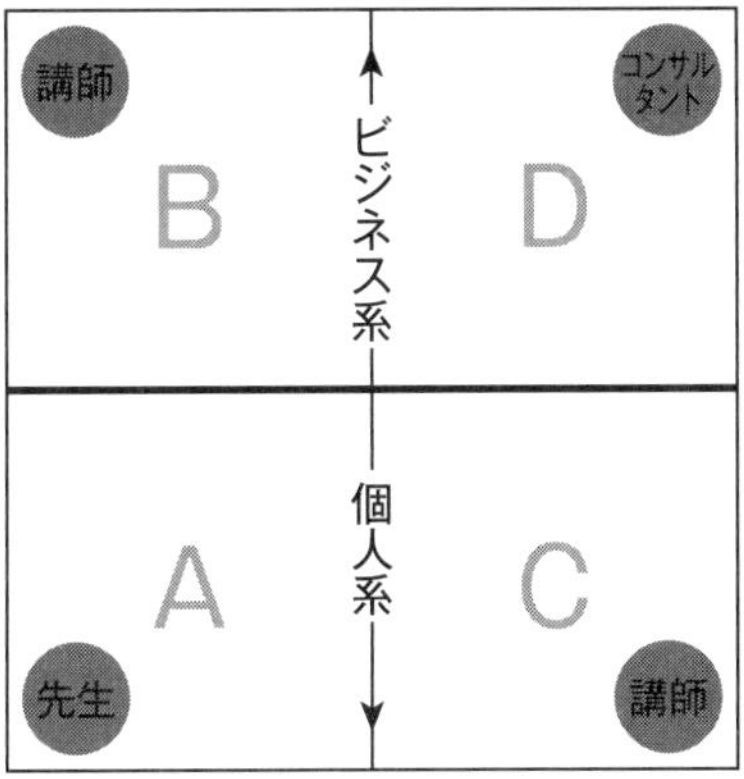

Aゾーン ⇨ Academy アカデミー　学校等の先生
Bゾーン ⇨ Business ビジネス　研修講師、セミナー講師
Cゾーン ⇨ Culture カルチャー　プライベートレッスン、カルチャー講師
Dゾーン ⇨ Doctor ドクター　コンサルタント、ドクター

©Dragon Consulting

一方で、個人を対象としたセミナーの場合、3千円くらいに大きな壁があって、それを越すと極端に集客が難しくなっていきます。実際、個人もので1万円を越すセミナーは非常に稀です。ご自分でも、仕事に関係するビジネスセミナーや講演会なら、1万円くらいポンと出すのに、趣味のスクールのレッスン代となると、同じ1万円でも高く感じることはないでしょうか。

単純な話、接待の食事代で1万円はむしろ安く感じるくらいなのに、プライベートの食事代に1万円はちょっと……と考えてしまうのと同じです。基本的に、ビジネスものは背景に商売が絡む、領収書の世界なので単価を高くしやすいのです。

そういう意味で、売れるコンサルタントとして活躍することを考えるなら、単価が高いことは非常に重要です。先生業の本質は「時間給」だからです。

知られざる先生稼業の現実

非常に基礎的なことですが、先生業の稼ぎ方とは、アルバイトなどの時給○○円……というのと基本的に同じであり、肉体労働や作業による対価と、ノウハウや技術を教える対価、といった違いはあるにせよ、時間換算の仕事という点においては同じです。

コンサルタントの場合、1ヶ月に1回、指導先の会社を訪問してコンサルティング代としていくら……というのが多く見られる契約のパターンです。個人向けのレッスンの先生の場合も、1回90分のレッスンがいくらで月に何回というスタイルが多く、面談や相談にしても、各種士業の先生は、1時間あたりいくら……というやり方が多く見られます。これらはすべて、時間給の仕事を意味しています。

ですから、そもそも自分が教える内容やテーマ設定が「ビジネスのゾーン」に位置していなければ、高単価にしづらく、コンサルタントとしての成功は、非常に難しくなるということなのです。

これは、ちょっと計算してみればすぐにわかります。単価×数量でしか売上げは決まらないので、1年は365日、1日あたり2万円換算の先生業であれば、休みなく働いても年収750万円に届かないことがわかります。

「私は1千万円、どうしてもほしい」という人は、1日の単価を3万円に上げるか、先生業以外の副業をはじめるしかないのです。

もちろん、個人系の先生業がダメと言っているわけではありません。単価を少しでも上げる努力ももちろんですが、「多人数で行なう」方法を模索することです。10人同時であれば、同じ時間の仕事でも単価は10倍になります。

ただし、グループで行なうということは、マンツーマンのレッスンに比べて密度が下がるため、同じ価格でというわけにはいかないでしょう。品質が下がる分、どうグループなりの価値をつけて価格を維持していくかが重要なポイントとなります。

このさじ加減が難しいことは事実ですが、ビジネスとして考えたとき、そうした問題点をきっちりと理解していないと、「何で、こんなに忙しいのに、全然、実入りが少ないのか」ということになりかねないのです。

個人ものの先生業、たとえばフラワーアレンジメント、お茶、お花、料理、舞踊……といったお稽古ごとの先生の多くが、自宅で教室を開いて教えているのは、信頼感や安心感といった面もありますが、売上げの面も決して無関係ではありません。

旦那さんが仕事をしていて安定収入があり、自宅で開いているので固定費もゼロ。だからこそやれているという先生が、実は多いのです。

このあたりの構造的な理屈をよく考えずに、「楽しそうだから」とか「他の人もみな同じようにやっているから」、「売れている（自分からはそう見える）人はそうしているから」といった安易な考えではじめてしまうと、まったく食べていけないという、本当に厳しい状況に追い込まれてしまいます。

変な話、個人向けの先生業をはじめるのに、家庭として別の収入源があるかどうかによって、リスクはまったく違ってきます。表面的な華々しさに憧れて、独り身の人が外部に教室を構えたりするとどうなるか。自分の生活費に加えて、外部の教室の賃料もかかってくることになるため、当然高コスト体質になります。

ここで、マンツーマン方式で教えて1回2時間、3千円ではじめたらどうなるか。もうおわかりですね、毎日10時間、1年間まったく休みなく働いても売上げは550万円に届きません。この中から、自宅に加えて、外部の教室の賃料も払い、生活するのです。当然ながら、常に生徒で満員の状態など、現実にはあり得ません。本当に厳しいことになってしまうわけです。

私のところにご相談に来られる方にも、この「ビジネス系かプライベート系」かの違いをよく理解されていないために「食べられない」と言ってお越しになられる方がいらっしゃいます。単純な計算だけに、構造をご説明すると「あっ！　やってしまった！」といった表情になられます。

そもそも、「話し方」や「イメージ」、「セルフブランディング」、「印象アップ」「スマイル」「マインド」……といった個人に属するテーマを扱う時は要注意です。表面的にはセミナーを開いてその後、個別指導をして……というところだけを見れば似ているのですが、成功している人は、顧客層を絶妙にビジネスがからんだエグゼクティブ層などにし、諞い文句もそうした人を対象にしてアピールをしています。本能的か戦略的かはともかく、実に理に適った方法と言えるでしょう。

コンサルタントとしての生死を分かつ線

では、各ゾーンの違いはこれだけかと言うと、もうひとつ大きな違いがあります。同じ図のまま、今度は縦線を入れて左右に分けてみましょう。左側はBとA、右側はDとCに分けられますが、この線引きが意味するのは何だと思いますか？

答えの前に、もう一度思い出してみてください。左側のBとAとは、「ビジネスのB」と「アカデミーのA」でした。Bの代表的な例とは、セミナー講師や研修講師です。Aは学校の先生です。

一方の右側のDとCは、「ドクターのD」と「カルチャーのC」で、Dの代表的な例は、経営ドクターやコンサルタントで、Cの典型例はカルチャースクールの先生です。

これらを分ける線、実はこの線こそが、コンサルタントとセミナー講師を線引きする線と言ってもいい、きわめて重要な線なのです。ズバリ、**「自分で支払って習っているかどうか」**を分ける線です。

たとえば、左側のゾーンでは、お金を払う人と受講者が別です。学校で習うのは子供でお金は親が払います。ビジネスセミナーの場合、会社が「この研修に行って勉強してきてくれ」

「先生業」の構図（3）

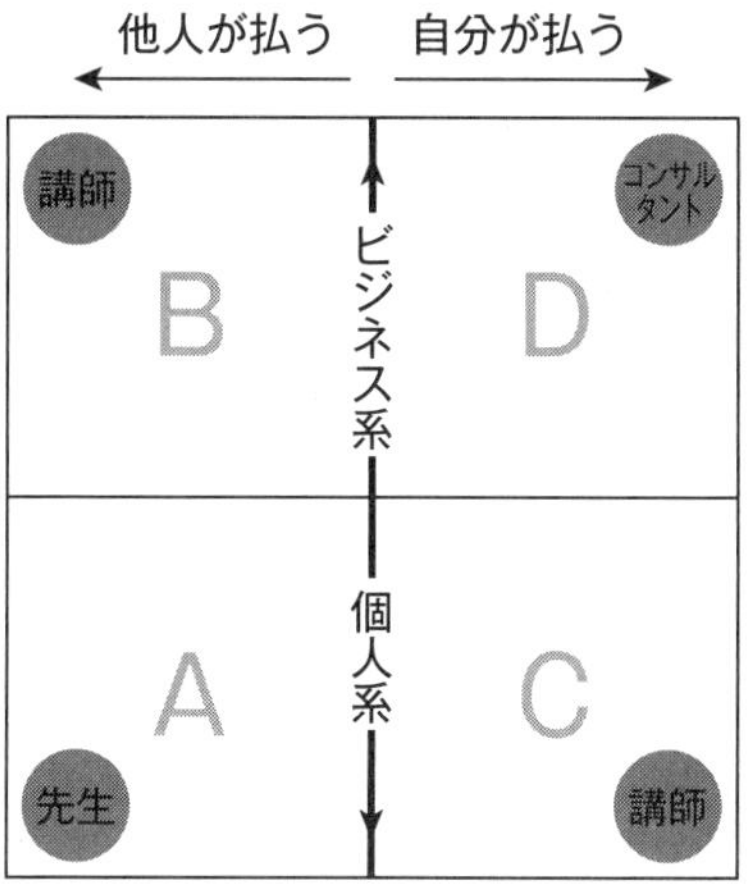

Aゾーン ⇨ 価格安い、他人が払う、対象者は多い
Bゾーン ⇨ 価格高め、他人が払う、対象者は多め
Cゾーン ⇨ 価格安め、自分が払う、対象者は多め
Dゾーン ⇨ 価格高い、自分が払う、対象者は少ない

と、社員を送り出して受講させます。自腹でなくて会社払いなので、「社腹《しゃばら》」という言い方をする人もいますが、いずれにしろ支払う人と受講者は別です。

もちろん、例外はあります。奨学金制度を使って学校に行く人もいるし、意識の高いビジネスマンが自腹で研修に参加することもありますが少数派です。

ちなみに、同じ「セミナー」でも、BのセミナーとDのセミナーでは、随所に違いがあります。たとえば、セミナー中に何か作業をさせるワークや実習というのは、社員向けにはよく行なわれますが、経営者向けには稀です。あったとしても、何か考えをまとめたり、発想を引き出すために行なわれることが大半です。また、「レポート提出」というものも、経営者向けとしてはまず考えられません。

「研修」という呼び名も、経営者向けには、ほぼ使われることはありません。研修とは社員向けに使う言葉であり、社員研修、課長研修、営業マン研修、店長研修といった表現はありますが、社長研修という言葉は耳にしません。つまり研修講師とは、社員向けの講師の呼び名ということがわかります。

さて一方で、右側のゾーンは、自分でお金を払って習うゾーンです。Cのカルチャーのゾーンも、小さい頃のお稽古ごとは親が払うことはありますが、大人向けのものは自分で払って習いに来ます。

Dのゾーンも、お金を払ってコンサルティングを受けるのは経営者や事業部長、エグゼクティブ層の本人たちです。会社でお金を払っていても、実際は、ほとんど自分のお金と同じ感覚の人たちです。

これが、なぜ重要かと言うと、お金を払う人が「習うかどうかの決定権者」だからです。とくにDのゾーンにおいては、**「コンサルティングを依頼するかどうかの決定権者」**だからです。逆に言えば、**「BやAのゾーンには、決定権者がいない」**ということです。

営業コンサルタントのFさんに、このことをご説明したとき、みるみる顔が青ざめていきました。Fさんの場合、「営業コンサルタント」なので、セミナーのテーマは「3割増の販売術」とか「営業のモチベーションアップ」、「売れるセールストーク」といった、営業マン向けの内容で開催されていました。

Fさんは、集まった受講者の前で、プロから学んだ講演テクニックを駆使して「どうすれば売れるようになるか」を、受講者に飽きさせることなく熱く語っていました。そして拍手喝采でセミナーが終了し、受講者から「すごくよかったです！」と言われ、セミナー担当者からも「気合が入っていてよかったですよ、受講者の反応もよかったし……」と笑顔の挨拶を受けていました。

しかし、**コンサルティングの依頼を受けることはありません。なぜなら、決定権者がそこ**

にはいないからです。営業研修のテーマとはBのゾーンだからです。

要するに、営業セミナーに来られる受講者とは営業マンであり、会社のコンサルティングを発注する権限を持っていない人が集まっているということです。

それは、努力して人気講師になって、受講者から「よかった」といくら言われても、決定権者がいないところで話をしている限り、コンサルティングの受注に結びつくことはない、ということです。受講者もセミナー企画担当者も喜ぶかもしれませんが、自分がコンサルタントになる夢は、一向に近づいてこないのです。

では、会社でコンサルティング発注の決定権を持っている人とは誰か、もうおわかりのとおり、経営者または事業部長クラスです。

先に申し上げた、「経営者対象のテーマでなければ、コンサルタントとして成功が難しい」という意味はこういうことです。ご説明すると、実にシンプルなことだとご理解いただけると思います。

Fさんが、Bのゾーンに位置したままで、セミナーからコンサルティング契約を獲得するとしたら、「社内の営業マンに自分が教えることを勉強しにきた経営者の方が、研修内容を聞いて、営業部のコンサルティングを依頼する」といった、きわめて確率の低い中で受注するしかありません。これがいかに厳しいかは、ご想像されている以上だと思います。

実際、Fさんは1年間セミナーや講演を数十回繰り返しましたが、コンサルティング契約に結びついたことは一度もありませんでした。話が下手なわけでも内容が悪いわけでもありません。受講者やセミナー担当者からは、たいへん評判がよかったにもかかわらずです。

ビジネス系のコンサルタントを目指すなら、内容の善し悪しももちろん重要ですが、根本的なゾーンの選定は、最重要のポイントとなります。だから、私がご依頼を受けたときに、まず見るのもここです。

ご本人のコンサルティングテーマがDゾーンかどうか、経営者やエグゼクティブ向けになっているかどうか。要は、**お金を持っている決定権者に直接響くテーマになっているかどうか、**ということです。

これは勘で言っているわけでも何でもありません。論理的に、その人の仕事やテーマを観察すれば、すぐにわかることです。だからFさんに即答したのです。「コンサルティング契約が取れないんでしょう？」と。

たまに、「経営者向けだとまだ自信がないので、今は課長クラス向けの研修をやっています」とか、「自分は、会社を支えている社員を元気づけたいんです」という方がいます。Bのゾーンの研修講師を目指すなら、それはそれでいいのですが、コンサルタントを目指すなら、最初から方向が違うと言わざるを得ません。

コンサルタントを目指すならDのゾーン、つまり経営者やエグゼクティブ向けのテーマ設定をすることこそ、一番のポイントなのです。

コンサルタントこそ、あなたの夢を叶える職業

講師はコンサルタントになれない

あなたは、研修講師になりたいのですか、それともコンサルタントになりたいのですか？この答えによって、自分が登壇する「セミナー」や「講演」に対する位置づけも大きく変わってくる重要な問いかけです。あなたは、どちらを目指していますか？

本書の冒頭でも、「人前で話をする」「本日の講師と言われる」といった、似ている面があるとお伝えしたとおり、このBとDの2つのゾーンの先生の違いは一見、非常にわずかなものです。ただし、決定的に違う部分があります。

わかりやすく言うと、教える内容が経営者や事業部長、エグゼクティブなど、ビジネス系の決定権者を対象としていて、そのコンサルティングのエッセンスを教えるために「セミナー」を開催しているのがコンサルタントです。

言ってみれば、**Dゾーンの人にとってセミナーとは、コンサルティング契約を獲得するための販売促進の一手段**と言っても過言ではありません。

一方のBゾーンのセミナー講師、研修講師の場合、セミナー終了後にコンサルティング契

約が取れることは稀であり、最初から研修や講演に特化している方も珍しくありません。つまり、**Bゾーンの方にとってセミナーや研修とは、それそのものが本業**ということです。

この違いは大きな意味を持ちます。なぜなら、コンサルタントはセミナー講師をすることができますが、講師はコンサルタントにはなれないからです。非可逆的な関係にあるのですが、セミナー講師をしているコンサルタントの先生も、セミナー講師専業の先生も、よく知らない人から見れば同じように見えてしまうのはこのためです。

問題は、アドバイスする周囲の人も、このことをあまりよく理解していないことが多いということです。

セミナーが本業のBのゾーンの講師の場合、セミナーや研修を依頼されなければ、仕事はなくなってしまいます。このため、受講者を満足させるための講演テクニックを磨くことは死活問題になります。これが、「講演の技術を磨かないとダメ」とおっしゃる方々の言っている意味なのです。

おっしゃるとおり、社員向けの研修講師やセミナー講師を目指しているのであれば、講演テクニックを磨くことは理に適っています。ただし、何度も申し上げますが、コンサルタントを目指すなら、話は下手でも、笑わせる講演テクニックなんかなくても別に構いません。そんなことは、経営者には関係がないからです。

「この先生にコンサルティングを頼もう」と思ってもらえる、「儲かりそうな経営者的感覚」や「企業を本質的によくしてくれそうな具体手法」、「信頼感」といったものが感じられるかどうかこそが重要なのです。

これは、巷で教えられているいわゆる講演テクニックや、講師講座といった類のものとは、まったく違うものです。くわしくは後述しますが、意識レベルや気迫、精神性こそ重要とさえ言えます。

さらに、セミナー企画担当者、商工会の担当者、講演企画会社の担当者に顔を売って……というのも、このBのゾーンの先生の場合、営業活動としては非常に重要になります。セミナーを開催して、自分を「先生」と呼んでくれるかどうかは、彼らにかかっているわけで、その人たちの采配ひとつで仕事になるかどうか、が決まってしまうからです。ですから、この助言も、Bゾーンの先生にはきわめて的を射たものです。

ただしこれも、コンサルタントにとっては、パートナーとか大切な取引先ではあっても、死活問題というほど重要というわけではありません。本業はコンサルティングであり、セミナーや講演は、営業活動の一手段でしかないからです。

やりがいのあるコンサルタントを目指そう

私のところに、たくさんのコンサルタント志望の方がご相談に来られますが、必ず最初に確認しているのは、「あなたが目指しているのは、本当にコンサルタントですか？　研修講師やセミナー講師、またはビジネスタレントや講演家ではないですか？」ということです。漠然としたイメージはあっても、自分が本当に目指しているのが何か、ということをわかっていないと、成功していくためにやるべき具体的な手段や方法は、まったくと言っていいほど変わってきます。

これまでご説明したとおり、講演やセミナーの使い方も違ってくるし、根本の収益構造やその対象者が全然違うからです。

Bゾーンの先生を目指すなら、1回5万円とか10万円といった講演料や講師としての謝礼を積み上げていくことがポイントとなります。

一方で、コンサルタントを目指すなら、月1回10万円といったコンサルティング契約をどれだけ積み上げていくか、ということがポイントになります。数字だけを聞くと似ているようですが、これも似て非なる大きな違いがあります。

また、コンサルティング契約においても、多くの人がそのやり方を間違えているために、なかなか契約につながらないという問題を抱えてしまいます。次章以降、この解決策を提示しますが、これこそが成功へのポイントとなります。

いずれにしろ、当然ながら私は、この似たような職業の中で、コンサルタントこそ、最もやりがいのある仕事だと本気で思っています。

それは、世の中を本当に変えていくことができるのは、直接・間接に、消費者に魅力的な商品やサービスを提供している企業であり、そうした企業に実務として関わり、経営トップに指導できるのはコンサルタントだけ、と考えているからです。

研修講師や講演家を、決して馬鹿にするわけではありませんが、話を聞いただけで考え方や行動が変わるということは、よほどの有名人が話をしない限りあり得ません。「いい話だったな〜、勉強になったな〜」という感想はあっても、企業内で実務として何かが動いたり変わったりすることはほとんどないということです。

経営指導をしているコンサルタントとは、そもそも責任の度合もまったく違います。経営者に対してアドバイスをして実務指導するということは、すなわちその企業のお客様や取引先、社員など、実に多くの人に直接、影響を与えるということを覚悟しなくてはなりません。誤解を恐れずに申し上げれば、「口だけではすまない」ということです。

大小さまざまですが、企業こそが新しい商品やサービスを作り出し、富を生み出し、世の中を変えていっていることは紛れもない事実です。雇用も生み出し、税金も支払い、顧客を魅了し、社員を率いて事業を成長させていくリーダーは、まさに畏敬の念をもって讃えられるべき存在です。

コンサルタントは、そのような経営者を、陰に日向に支える〝軍師〟のような存在です。裏方の仕事ですが、企業の現場において実務指導することで、すばらしい会社に導くことに直接関われる仕事、それがコンサルタントなのです。だからこそ、実に大きなやり甲斐があるのです。

こうしたことを理解したうえで、コンサルタントを目指す方は、成功するための道を間違えずに進んでいっていただきたいのです。その第一歩が、テーマ設定であり、ゾーン設定なのです。

3章

絶対にやってはならない、5つの間違い

一流と二流の違い

個人的な成功体験で語る人の話を鵜呑みにするな

さて、最も重要なコンサルティングテーマのゾーン設定をご説明しましたが、一流コンサルタントになるためのステップをお伝えする前に、一流コンサルタントになるための、「やってはならないこと」をしっかりご理解いただきたいと思います。題して「売れないコンサルタントの5大勘違い」です。

「やってはいけないこと」「共通する勘違い」などと言うと、ずいぶん遠回りのように聞こえるかもしれません。「そんなことより早く、どうすればいいのかを教えて……」というのが読者のみなさんの心情でしょう。

しかし、意外に思われるかもしれませんが、一流コンサルタントの方々は、何かをやったということよりも、「やってはいけないこと」を、頑なに守ったからこそ成功した、という方が多いのです。

これは、コンサルタントに限らず、その道の一流になる方に共通することです。傍から見れば、「才能と運に恵まれた人だから成功した」と解釈するかもしれませんが、むしろ、**能**

力に大差がないからこそ、よけいなことを一切せずにエネルギーを集中させ、努力を続けた。だからこそ成功した、というのが本当のところだと私は考えています。

このあたりのことについては、さまざまな意見があることは承知のうえですが、本書は、一部の才能のあり余っている人を対象としたものではありません。コンサルタントとして成功したいと考える、ごく普通の人のための指南書です。だからこそ、確率を引き上げるための具体策としてまず、「やってはいけないこと」を知っておいていただきたいのです。

「やってはいけないこと」はすべて、ご自身の努力を帳消しにし、足を引っ張ることにつながるものばかりです。実際、ご相談に来られる、売れないで困っているコンサルタントの方に、驚くべき確率でぴたりと当てはまるものばかりです。これらを防ぐだけでも、大きな効果が出ることは間違いありません。

なお、ご相談の席上でもそうなのですが、みなさんにご説明する際、私はあえて、「一流と二流」という、かなり嫌な表現をとってご説明するようにしています。これは、何が何でも理解してほしいがための表現なのです。

本書でも、あえてこの表現をとらせていただいていますが、何卒ご了承ください。強烈な表現でご説明しないと、ご自身が今やっているマイナスのことをそれほど重大事とは思っていただけないからです。

これは、重大事と思っていただけないだけならともかく、世間ではそれがさも成功するための方法のように言われているから問題なのです。

これからご説明していく5つの間違いや勘違いについて、なかには「このゴトウというのは、わけのわからないことを言っている」と拒否反応を示されたり、「聞いてきた成功方法と全然違うからデタラメだ！」と怒り出す方がいるかもしれません。

世間で言われていることと違ったり、真逆のことを言うわけですから、当然批判も覚悟の上ですが、せっかく本書を手に取られたのですから、ここはちょっと我慢して読み進めていただきたいと思います。

そもそも、世間で言われている成功方法に問題が多いのは、「自分は、これで成功した」という「現象」を、さも「本質的な考え方や手法」のように語って教えていることがほとんどだからです。

自分がうまくいった方法を、いくら一般論に広げようとしても、それは無理というものです。その人のキャラクターや分野、特徴といったことが前提であり、それ以外の人がマネして行なったとき、うまくいく保証などどこにもありません。

実際、彼らの言っていることが正しいのであれば、世の中は成功しているコンサルタントだらけのはずだし、誰も困ってなどいないはずです。

学ぶべきは、多くの事例に基づいた、本質的な成功手法です。個人的な要素などに関係なく、汎用的だからこそ効果が上がります。

私は職業柄、大勢のコンサルタントの方と接してきましたが、多くの人が勘違いしてやってしまいがちな「5つの間違い」こそ、最優先で押さえておくべきことと考えています。最も重要な基本だからです。

もちろん、もうこれ以上売れる必要はないという売れっ子の方は、基本がしっかりされていると思いますので、本章を読み飛ばしていただいてもけっこうです。しかし、もっと売れるコンサルタントを目指すなら、「この5つの間違い」は、ぜひ目を通してください。必ずや、お役に立つことでしょう。

実際、ご相談にお越しになる方の大半は、「ハンマーで頭を殴られた気分」とか、「耳を塞ぎたくなる」とおっしゃいます。たいへん申し訳ない気持ちになりますが、それだけ、「一流コンサルタントになる道」から逸れることを、知らぬ間にやってしまっている、ということなのです。

それでは、Fさんにご説明したものと同じ内容でご説明していきましょう。

やたらとメニューが並んでいないか？

メニューを並べている理由

「メニューはいっぱい並べています」と言う人がいます。「年月とともにどんどん増えてしまった」と言う人もいます。いずれにしろ、二流コンサルタントに共通することは、やたらとメニューが並んでいることです。

いきなり二流呼ばわりで恐縮ですが、ちなみに、Fさんも驚くべき数のメニューが、ホームページに掲載されていました。

思わず、「営業の総合商社でも目指しているんですか？」とたずねたほどです。みなさんの周りにもいないでしょうか？　ホームページを見てみると、ずらずらっと講演テーマが並んでいて、コンサルティングや指導項目は実に幅広く、あれもこれも、こんなこともできます……という人です。

こういうことをセミナーなどでお話しすると、「メニューが多くて何が悪い？」と食ってかかる方が必ず出てきます。「いろいろできてすごいと言ってもらっている」とのことで、実際、メニューの多さを得意満面で自慢される方に、幾度となくお会いしてきました。

こうした方が共通して言われることは、「講師として、幅広く対応できるのがウリ」、「どんな仕事が来るかわからないから広げている」、「実際、たまに、そうした仕事が来る」といったことです。この発言は、何を意味しているのでしょうか。

相手のニーズに合わせる、と言えば聞こえはいいでしょう。しかし、語弊を恐れずに言ってしまうと、**「自分が教えるテーマにこれといった強みがなく、どれか当たらないか？」**と網を広げているということです。

要するに、「何でもいいので仕事がほしい、取りたい」と言っているのと同じということです。そして、こうした方々は、自分ではコンサルタントと言ってはいるものの、実態は研修やセミナー講師がメインの方が大半なのです。つまり、Bゾーンの先生に非常に多いパターンということです。

理由は単純です。先ほど、先生業の構図をご説明しましたが、Bゾーンで仕事を依頼してくれるのは、セミナー会社や商工会議所、講演企画会社などの、「研修企画担当者」です。

彼らは忙しい中、新しい講師を日夜探していますが、なかなか見つけられないことがあります。そうしたとき、「○○さん、こんなこともできますか？」と、既存の講師の中で、柔軟に対応してくれそうな人に打診をしてくることがあるからです。

こうした需要をつかむには、たしかにメニューは広いほうが有利になるし、実際、「困ったときの○○先生」と言われる研修講師の方もいます。やってもらいたいテーマがあって、それに合わせて講演やセミナーの講師をしてくれる人や、突然の代打が必要になったときのピンチヒッターになってくれる人は、セミナー会社にとっては実にありがたく重宝な存在です。これはこれで、仕事を取るひとつのやり方かもしれません。

しかし、一流コンサルタントを目指すなら問題です。なぜなら、講演やセミナーではなく、肝心のコンサルティングを依頼される方は、メニューが多く並んでいるコンサルタントに対してどう思うかと言うと、**「この人は何でも屋で、専門性や強みがよくわからないから頼むのはやめよう」**となるからです。

この傾向は、叩き上げで事業を伸ばしてきた創業経営者やオーナー社長に、より顕著に現われます。要するに、Dゾーンにおいては完全にマイナスに働くということです。

本書の冒頭でもお伝えしましたが、コンサルタントにとって「独自性」はきわめて重要なものです。この独自性を支えているのが「専門性」であり、これらは一対のものです。専門性がなくなれば、必ず独自性も失われてしまいます。

コンサルティングを依頼する側の経営者からすれば、専門性こそ、高いお金を払ってでも頼みたい理由です。それがなくなればどうなるか……ということです。

身近な飲食店などを例にすれば、すぐにわかります。メニューを見たときに、ラーメンも蕎麦もカレーも、うどんにハンバーグにとんかつ、スパゲッティーに牛丼……と並んでいて、何がウリなのかわからない店と、スパゲッティー専門で、パスタの種類は常時20種類以上という店と、どちらに専門性を感じるか、ということです。

そして、何でもやっている店のスパゲッティーと、専門店のスパゲッティーとでは、どちらがおいしそうに感じるか、さらには、どちらのスパゲッティーに高く出してもいいか、はたまた、人に薦めるならどちらのお店を薦めやすいか、ということです。

何でも置いている店も、開店当初からそれだけのメニューがあったかどうかはわかりませんが、**名物になる看板メニューがあって繁盛していれば、そのメニューに絞って営業しているものです。**そのほうが楽だし、効率もよく、売上げも上がります。わざわざ、面倒な思いをして、売上げを下げる商売人はいません。

これといった看板メニューがない、または作り出せないために、次々にお客さんに言われるがままメニューを増やしていき、それが積み重なって、ぱっとしない何でも屋で細々とやっている……というのが実情ではないでしょうか。

老舗の繁盛店には、必ず名物の看板メニューがありますが、きわめて道理にかなっているのです。

無謀なワンストップ戦略

さて、この手の話をすると、「そういう理屈はともかく、自分は総合を戦略にしている」とか、「あそこに頼めば、何でも対応してくれるから安心、という考え方もあるだろう！」という反論もよくお聞きします。

いわゆる〝ワンストップ戦略〟で、経営全般の何でも対応できることをウリにしたい、というお考えの方は少なからずいます。しかし、個人コンサルタントがこの道に進もうとすることは、きわめて危険な行為です。その理由は、**1人でできることなどたかが知れていて、全部やろうとすると何もできなくなる**からです。

これは、百貨店型とも言えるやり方ですが、経営全般のコンサルティングを1人でやることとは、物理的にも知識や技能的にもとても無理な相談です。

そもそも、業種や業態だけでもメーカー、加工業、商社、卸、流通、小売、運輸、旅行、宿泊、教育、サービス、飲食、通販、不動産、建設、メディア、印刷、ソフトウエア……など、年々数が増えてきているし、各企業ごとに商品、サービス、売り方、働き方、賃金、マーケット、社員数、将来性などがあり、その分野は挙げはじめたら切りがないほど多岐にわたります。

こうした、膨大な経営のすべての問題に対応するには、少なくとも何十人、いや何百人が揃ってこそはじめてできる戦法です。いわゆる、銀行系や横文字の○○コンサルティング機関といった大手企業が行なう、「強者だからできる戦法」なのです。

それを「一個人」、しかも大御所でもない人が行なおうとすることなど、無謀を通り越して、〝竹槍特攻〟の自殺行為と言わざるを得ません。

きわめて弱い立場の個人コンサルタント、とくにこれからはじめようとされている方が生き残っていくには、**専門性を高める以外に方法はありません**。他のことはさておき、「これが専門です」という強みを持つことです。

逆に言えば、これこそ最も現実的、かつ生き残り確率を上げる唯一の手法と言えます。

自分のホームページにメニューがずらずらっと並んでいるとしたら、「自分の強みが打ち出せていない」、そして「どれかが仕事につながらないか……」といった状態の現われなのです。何でも置いているけどウリが何もない店と同じです。

現実の百貨店が長く苦戦しているのを見てもわかるように、成熟した社会では、「総合」は、もはや過去のものなのです。ユニクロに代表される、個別のカテゴリーに特化したところに、どんどん侵食されていっています。靴は靴の専門店、メガネはメガネの専門店、スーツはスーツの、と専門性を高めた企業が成長を実現しています。

コンサルタントの場合も同じです。専門性こそが武器であり、成功への近道なのです。

自分を売っていないか？

経営者が見ているのはどこか

駆け出しのコンサルタントに対して、先輩コンサルタントが、「売れるようになるためには、まずは自分自身を売らないと……」という言葉をかけることがあります。

この言葉どおりに実践しているのか、はたまた自分で思いついて行動しているかは不明ですが、趣味や嗜好、性格などを名刺にずらずらっと載せて、自分のパーソナル性をアピールすることに躍起になっている人に、これまたよくお会いします。

営業マン研修などで言われる、「商品を売るな。自分を売れ」の言葉そっくりですが、これも二流コンサルタントに共通する大きな勘違いです。

もちろん、「自分を一切売るな！」などとは言いません。しかし、自分を売ろうとしている理由を考えてください。なぜ、自分を真っ先に売る必要があるのか。

物事には、道理と順番というものがあります。売れないコンサルタントだから自分を売る必要に迫られているのか、自分を売っているから売れないコンサルタントなのかはともかくとして、自分自身を先に売ろうとしている限り、「二流コンサルタント」から脱出することは叶いません。理由は単純です。

経営者は、コンサルタントの個人的な面やパーソナルな部分には、たいして気にもかけていないからです。

考えてもみてください。自社の事業成長のための大切なコンサルティングを依頼するかどうかを考えているとき、コンサルティングの特徴よりも、自分のパーソナルな面をアピールする人に頼むでしょうか？

個人経営の小さな会社であればいざしらず、売上げが何十億円あって、社員も大勢抱えているような会社の経営者であれば、何が特徴で、具体的にどういうコンサルティングをしてくれるのかに興味と関心が向くのは、きわめて当然のことです。

売っている商品・サービスより、自分を売るのが有効なことがあるのは、プライベートの買い物や一対一の個人間取引であって、規模の大きな法人取引や経営に関わるような場合は、むしろパーソナル面は二の次どころか、三の次以下になります。

そういう意味では、多少性格に難があるコンサルタントであっても、成果の上がるコンサルティングができるのであれば、どんどんお声がかかります。

実際、そうした腕はいいが偏屈なコンサルタントをたくさん知っています。というより、キラーコンテンツを持っている一流コンサルタントの方々とは、総じて「ユニークな性格」

の方が多いものです。

誰が「自分を売れ」と言っているか

要するに、個人性や人間性は、あくまでもコンサルティング実施後の話です。コンサルティングを頼むかどうかは、コンサルティング内容の実務性や魅力が第一なのです。言われてみると当然のことのはずです。

そもそも、なぜ「自分を売れ」ということが、まことしやかに言われるのかということを知る必要があります。それは、**その他大勢の同業と比べて、自分だけの強みというものがない**ことが最大の原因です。

実は、「自分を売れ」系の発言は、いわゆる士業関係の方から多く聞かれます。隣の先生と自分のやっていることに大差がなく、活動する地域まで同じであれば、特徴を打ち出すのが非常に難しいからです。

本書の冒頭でもお伝えしましたが、まず名刺の肩書きからして「○○士」と書いてあるので、相手から見れば大差はありません。実績や価格が、まず最初の判断基準となりやすく、新人の場合は勢い、個人性をアピールしない限り仕事が取れない、ということになるのです。

これと同様に、先生業のBゾーンの研修講師、セミナー講師の場合も、「自分を売る」ことが多く行なわれています。これもある意味、厳しい状況の中での、理にかなった戦法になっているからです。

前述しましたが、社員向けのセミナーや講演を発注してくれる企画担当者は、融通のきく講師を重宝します。

大手の、いわゆる銀行系のセミナー会社や商工会議所などでは、まず大筋のカリキュラムが決められていて、そこに当てはまる講師を探したり、人選をして開催します。これは、学校で月曜日は、「理科」「社会」「算数」「体育」……と授業の科目が決められていて、そのとおりに進めていくのに似ています。

たまたま、算数の時間に先生が休みになれば、違う先生が代打で算数の授業を行なうということがあります。「その先生だから」ではなく、「算数を教えられる先生」が当てはめられるのです。もちろん、学校の授業とビジネスセミナーでは、難易度も進め方もまったく違いますが、基本的な構造は同じだということを理解していただきたいのです。

ビジネスマナー、営業の基本、電話応対、コーチング、部下指導術、コミュニケーションの基本、会議のやり方、接客接遇、経理入門、在庫管理、報連相など、こうしたビジネスセミナーでは、「テーマが先にあって、それに適した講師を探す」ということが多いのです。

逆に言えば、それだけ似たような先生がたくさんいる、ということであり、そうしたライバル講師から一歩抜きんでるためにはどうするか。そう、「自分を売る」ということになるわけです。自分を売って、企画担当者にアピールすることで、仕事が回ってきたり、仕事が取れる確率が上がるからです。

要するに、**自分を売らなければならないのは、自分の教えるテーマが、他人と思いっきり競合している証拠**ということです。

これは、コンサルタントの場合、致命的です。何度も言いますが、**「独自性こそ強み」**だからです。鶏が先か卵が先かはともかく、まずは自分自身を売る、パーソナル性を売るのをやめることです。そして、独自のキラーコンテンツを作り出すことに、真剣に取り組まなくてはなりません。

もともと、トップ営業マンとして辣腕を振るってきたFさんの場合も、自分を売ることに必死でした。自分のコンサルティング内容の特徴を説明するよりも、「過去にこんなことをしていました」「こんな趣味があります」といったパーソナル情報を前面に出して、相手の興味と関心を引こうとしていました。

興味深いのは、そのFさんでさえ、「自分を売るのは本当に難しい」と漏らしていることです。「自分を売る」ということは、言葉で言うことは簡単かもしれませんが、実際に行なうのは、きわめて難しいことなのです。それを、コンサルタントとしてはもちろん、これまでの社会人経験の中で営業経験の少ない人が行なうとしたらどうなるか、ということです。

後述しますが、コンサルタントの一番の弱点は、ズバリ「営業力」です。いかに腕がよくても、営業力がなければ、売れるコンサルタントになることはできません。ではやはり、「自分を売る必要があるのか」ということですが、それを突破する方法があります。自分を売らなくても、売れるようになる方法があるのです。

いずれにしろ、違う職業を目指しているならともかく、売れるコンサルタントになるためには、パーソナル情報をずらずらっと出すのはやめることです。やればやるほど、「二流臭」が出てきて、本物の経営者は近寄って来なくなります。

そういう意味では、折りたたみ式の名刺に、ご丁寧に小さな文字でびっしりとパーソナル情報を埋め尽くしている方にお会いすることがありますが、どうせ大きな紙面を使うなら、自分のコンサルティング内容をビッシリと書くことです。

「趣味を書いていたので会話のきっかけになった」と言う人がいますが、同じきっかけでも、自分のコンサルティングの強みを示して、「コンサルティングのきっかけ」につなげることこそ、コンサルタントにとっては重要なのです。

実務の代行、下請けをしていないか？

コンサルタントと称して作業代行

コンサルタントの仕事のやり方として、非常に誤解が多いのが、この「実務の代行」です。本来、コンサルティングとは「実務ノウハウの提供」が仕事であり、「仕組みを導入したり、仕組みができあがって稼働する」ようにしてあげるのが仕事です。そういう意味で、売れない二流コンサルタントに限って「実務の代行」を行なっています。

一流のコンサルタントは、「実務の代行ではなく、ノウハウの提供」を行ないます。先にご紹介した通販コンサルタントのS先生の場合も、現地で先生が何か作業をするのではなく、通販事業が立ち上がるようにノウハウを提供したり、指導をされています。

他の先生の場合でも、「営業部門が効率よく動いて稼ぐ仕組み」であったり、「新事業が立ち上がって新たな収益源ができあがる」ようになったり、「自社商品のブランド構築ができる」ようになるなど、さまざまな成果や実績がコンサルティング先に提供されています。しかし、実務作業そのものに手を出すことはありません。

コンサルティングとは、あくまでも教えることが仕事であり、作業をすることでは決してありません。ここを根本で理解していないと、安易な下請けや外注先のひとつになってしまうため、要注意です。

たとえば、経理コンサルティングと称して「総務経理での仕事の効率化、省力化」を掲げて、経理伝票の整理や月次決算などの処理を代わりに行なったり、ウェブコンサルティングと称して、ホームページの制作を代行したり、販促コンサルタントと称してチラシやパンフレットの印刷物データを制作する人がいます。

これらはコンサルティングという名前を使って、「作業を受注」しているに他なりません。実際、こうした受注をするがためのコンサルティングを行なっている人は、非常に多く存在します。彼らは、コンサルティング自体には特段のノウハウはなく、実務を代行することに照準を当てて経営者に近寄って行きます。そして、作業代行にありついてその作業賃をコンサルティングフィーと称して受け取るのです。

営業コンサルタントのFさんの場合も、当然ながら仕事の代行を行なっていました。チラシの製作代行やメルマガの執筆代行、営業の同行訪問に、市場調査代行など、実にさまざまな代行メニューがホームページに掲載されていました。

驚かされたのは、営業会議の司会・運営というものまであったことですが、これらが意味することは、**「仕事の外注先」、「下請け」に自ら進んでなろうとしている**ということでした。

コンサルタントと言っていながら、「何でもいいので仕事はありませんか？　こんなことも代行しますよ」と、ホームページでアピールしているわけです。コンサルタントとして看板を出していながら、何とも残念と言わざるを得ません。

こうしたことをセミナー等でお話ししていると、「仕事が取れるのなら、代行でも下請けでもいいでしょう」とおっしゃる方がいます。まあ、無理やり説き伏せる気もありませんが、ちょっと考えてみてください。

彼らは「月額顧問料10万円いただける」と言っていますが、こうした人に限って、作業が多くて、月に4、5社で手いっぱいという人が本当に多いのです。15社とか30社こなせるならともかく、作業で忙殺されて5社程度だとしたら、何のためにコンサルタントという職業を選んだのか、ということです。

一方で、今どき新卒社員を1人雇えば、保険やその他考えれば月に25万円はかかるため、10万円である程度の品質のことをやってくれるなら大助かり、というのが企業側の本音です。ただし外注費なので、それでも抑制しようとする心理は変わりませんが。

要するに、作業代行が実態なら、わざわざ回りくどいコンサルティングという看板を出して売上げや受注機会も減らすより、むしろ最初から「○○制作」とか「○○代行」と看板を出して受注促進を考えたほうが、よほど売上げも上がって商売もしやすくなる、ということなのです。

それでも、「コンサルタントとして入ったら、〝先生〟として扱ってもらえるし優遇されて得する」と主張する方がいます。これも大きな勘違いです。なぜなら、企業側の考え方や経営者の心理というのは、お互いの関係性によってすぐに変わるからです。

誰でもそうですが、「先生」だと思っている人には、高いお金を払ってでも習おうとする し丁寧な対応をしますが、その人が「業者」とか「下請け」に見えれば、これは大きく変わります。

実際、最初のうちは、社長が「先生、よくいらしてくれました」と、出迎えて話を聞いてくれていたのに、しばらくすると社長に代わって部長が出てきて、呼ばれ方も「○○さん」に代わって、そのうちニックネームなどで呼ばれ、社内の一角で作業をさせられている……といった話を聞くことがあります。鳴かず飛ばずで、困っているコンサルタントに共通する現実の話です。

〝先生〟として入ったはずなのに、いつの間にか一外注業者として扱われるようになったということです。何が、こうさせてしまったかと言えば簡単です。自分自身が作業や代行を喜んでやっていたからに他なりません。

こうした扱われ方でも全然かまわないという方は、もちろんそれでも結構ですが、前述したとおり、コンサルタントなら、年収で3千万円くらいは取れるように活躍しましょう、というのが私の基本スタンスです。ですから、作業代行をコンサルティングと勘違いしているうちは、とうてい一流コンサルタントにはなれないということです。もっと言えば、作業代行があなたを二流にさせる、ということです。

企業を蝕む悪徳コンサルタントになるな

コンサルティングと称して、代行や下請けを行なうのは問題だということについて、もう一点、これは商道徳上からも、私は絶対に行なうべきではないと考えていることがあります。それは、癒着した業者への発注です。

コンサルティングの現場では、「これはこちらを使ってください」とか、「この業者に発注してください」といった業者指定を行なうことがよくあります。企業側は、ある意味言われるがままに、その業者に発注することも多く、短期的にはコストも下がって効率が上がり、非常にスムースに業務が回るようになることがあります。

発注した業者とコンサルタントとの間が、常識的な関係であれば問題はありませんが、二流コンサルタントに限って、裏で業者から変なバックマージンが回っていたりするから問題なのです。

ひどいケースでは、自分の身内が業者で、そこに発注するのが半ばコンサルティングの規定路線になっている、ということさえあります。当然ですが、これはもう純粋なコンサルティングなどではなく、程度の低い営業と言わざるを得ません。

企業に対して、「この方法が最もいい方法ですよ」ということを、フリーハンドの状態で提供できてこそ、一流のコンサルティングと言えます。

また、コンサルティング後、発注先を変えられないようになっていたり、変えればシステムがうまく回らないようになっている、といったことがあります。実際、身動きが取れなくて困ったという経営者がいます。

経営者からすれば、企業体質を強くしたいと願い、社内に新たな儲かる仕組みを構築するためにコンサルティングを依頼するのです。外部に依存しなくても強く伸びていけるようにするはずが逆ということは、悪徳業者に引っかかったとしか言えない状況です。商道徳的にも、実にひどいと言わざるを得ません。

これらは、「作業代行」や「下請け」発想があるがために行なわれる、二流の所業として、そうしたコンサルタントには一刻も早く退場してもらわなくてはなりません。くれぐれも、本書の読者の方には、そうならないようにお願いしたいと思います。

経験や勘頼りになっていないか？

自分に任せれば……は二流の証

売れないコンサルタントの共通点、その4番目は、経験や勘頼りのコンサルティングに終始していて、論理的な説明ができていないことです。

私の知る限り、一流のコンサルタントはみな、ご自分のコンサルティングの内容について、非常に論理的にご説明をされます。「なぜこれを行なうのか、それはどういう意味があって、どういう効果が出てくるのか」といった具合に、「一連の流れがあって、最終的にどういう状態になる」といったことを理路整然と話されます。

しかも、この傾向は、優れた人になるほど顕著で、非常に単純化して説明をされます。難しい説明など一切なく、小学生や中学生でもわかるくらい、実にわかりやすい言葉で説明をしてくれます。

一方で、二流のコンサルタントに限って、横文字のカタカナ用語による意味不明な解説で煙に巻くか、あるいは「自分に任せれば大丈夫」的な、理由も説明もないブラックボックス型コンサルティングというのが非常に多いのです。

優れた勘と言えば聞こえはいいですが、企業はコンサルティングに対して多額の資金を使い、その結果は多くの社員に影響を与えます。もちろん、お客様や取引先に対してもです。それを、勘でしか説明できないというのであれば、これはもはや〝博打の世界〟と言わざるを得ません。

こうしたコンサルタントに理由を聞いても、「経験的にこうだから……」という言葉が返ってきますが、これは自分のコンサルティングに対して、きちんと精査して考えたことがないから、というのが本当のところです。**要するに、まともに考えたことがない**ということです。コンサルタントが、自らのコンサルティングの順序や理由、そして実施のノウハウ等について、論理的な説明ができないとしたら、それは単なる個人的な勘で企業指導をしていることであり、これはとうていプロの仕事ではない、ということになります。

セミナー等でこの話をすると、怒って帰っていく人もいます。しかし、冷静に考えてみていただきたいのですが、人にものを教えたり、そこの会社に仕組みを作る依頼を受けておきながら、自分が行なおうとしていることに対して、一連の論理的な思考で考えたことがないとしたら、「無為無策の行き当たりばったりの仕事」と言われても仕方がないのではないでしょうか。

なぜ、このようなことになるかと言うと、「何でもいいので、仕事を取りにいっている」

のが大きな理由です。

自分のコンサルティングの専門性を磨き、そうした仕事を集中して行なっていれば、ますます専門度も上がっていくし、ノウハウの蓄積、研鑽が進みます。テーマが絞られているため、当然、論理的な深耕も行ないやすくなります。

こうして、ますます自分のコンサルティングに対して、強みを発揮できるようになっていくのです。

一方で、仕事ほしさから何でもやろうとする人は、仕事を受けても毎回毎回、違う内容の仕事をすることになります。専門性とはほど遠く、内情は素人に毛の生えた程度のノウハウなので、聞かれてもくわしくは説明できません。ノウハウを蓄積したくても、次の仕事はまた別の仕事であるため、深く考えることさえできません。まさに悪循環で、行き当たりばったりを繰り返す羽目になっているのです。

論理的な説明ができないことの重大な問題は、**コンサルタントにとって、言葉とはきわめて重要な道具**だという点があります。人に教える、ノウハウを提供する仕事には、「説明」は絶対的に必要な要素だからです。

どんな世界でも、プロフェッショナルと呼ばれる人たちは、自分の技術やテクニックに関して、自分なりの高度な理解をしているものです。一流のスポーツ選手は、自分の動きをまるで鳥の視点から見ていて、それを画像的にとらえていたりします。

また、技術的なことでも、「なぜこうなのか」ということを皮膚感覚で理解していて、それを自分の中で完璧にイメージできています。

これらは、自分の技術やノウハウについて、高度な理解をしている証拠ですが、だからこそ、彼らはスランプに陥ったときでも、どこを直せばいいのかがわかっていて、短期間に修正してきます。二流の選手が、スランプに陥ったときに、なかなか復調して来ないのとは対照的です。

自分が好調だったときの動きというものを、論理的に理解しているかどうかの決定的な違いです。勘頼りでは、調子を崩したときやうまくいかなかったときに、どうすれば復調させられるのかがわかりません。

そして重要なことは、自らがプレーヤーの場合は、自分さえわかっていればよく、それを他人に説明する必要はありません。しかし、他人に教える仕事の場合、言葉で論理的に説明できなければ、責任をはたすことはできないのです。

自らのノウハウを論理的に説明できるかどうかは、コンサルティングにおける品質を保つことにもなるし、コンサルティングに磨きをかけることにもなります。だからこそ、一流のコンサルタントはみな、自らのノウハウを体系化しているのです。

根拠のない契約を続けようとしていないか？

もろに現われる二流思考

売れないコンサルタントの5大勘違いの5番目は、コンサルティング契約に関して、根拠のない契約を続けようとする人が非常に多いということです。

これは、コンサルタントの仕事について、何か大きな勘違いをしているのではないかと思っているのですが、「月一回、企業に訪問すること」を仕事のようにして、定期的な収入を得ようと考えているのが大きな理由です。

誰でも、売上げや収入がほしいことは当然ですが、そこに対価をいただくべき理由や根拠がないとしたら、それは商売でも仕事でも何でもありません。単なる搾取になってしまいます。コンサルタントの立場を利用して、当然の権利のように毎月訪問していて、その実態は「顔を出しているだけ……」という人もいます。

前職時代、親しい経営者から、「あの先生、用もないのにウチに来るから困っていて……。聞くと、まだコンサルティングの途中だとかなんとか言って誤魔化されるし、かと言って無碍に断るのも……」といった話を聞かされたことがあります。

経営者を助けるはずのコンサルタントが、経営者の悩みの種になってしまっているのですから、本末転倒とはこのことです。

コンサルティングの契約をすることを、よく「顧問契約」といった表現をしますが、名前を貸すだけでも意味があるような大先生ならいざしらず、そうでもない人が名誉職的な顧問ヅラをして、単に会社に訪問して茶飲み話をして帰ってくるだけでお金をもらおうと考えるのは虫がいい話です。

逆に言えば、「契約が取れた、これで、安定収入先がひとつできた」などと考える発想そのものが二流思考であり、その現われが、**「コンサルティング契約の継続に根拠がない」**ということなのです。

こういうことは、商道徳とか難しい話をしなくても、常識で考えてすぐわかることです。理由もなく契約を継続させられるとしたら、あなたならどう思いますか？　よくわからないけれど、「決まりだから」と言われて毎月支払いますか？

携帯電話の契約などで、「契約の解除は、この月以外は別途料金がかかる」とか、要らないサービスだけど「決まりだから」と言って登録をさせられてクレームになったりするのも、根拠がよくわからないからに他なりません。

企業や経営者を助ける仕事のコンサルタントが、こうした根拠のない売上げの上げ方をすることがあってはならないのです。

面白いもので、この話をしたときも、「自分は、何もせずに契約継続をしてもらってなんかいない。ちゃんと成果も上げているし、実務もこなしているので、その対価をいただいているんだ！」と詰め寄ってこられる方がいます。

なるほど、一理あるように聞こえます。しかし、こういう方には次のように質問するようにしています。

「あなたのコンサルティングに、ひと通りの目途がつくのはいつですか？」

こう言うと、「えっ？」という声とともに、露骨に嫌な顔をされる方がほとんどです。私にしてみれば当然の質問だと思っているし、商売の観点からしても常識だと思うのですが、なぜ答えられないのでしょうか。

プロフェッショナルだと言うからには、何かを行なうのには、すべて期限や効果、コストといったことに対して明快な答えや、少なくとも見通しがあって当然です。「よくわからないけれど、段々よくなるし、えっ？　期限？　それはまだわからないよ」といった、いい加減な見直しで目途もなく行なっているとしたら、それはもう素人の作業です。

大工さんに家を建ててもらうのに、「大丈夫、一所懸命やってるから。え？　完成するのがいつかって？　あわてなさんな、いい家っていうのは土台が大事なんだ。それから一つひとつ手を抜かない仕事が……」などと言われたら、心穏やかではいられないはずです。
しかもコンサルティングの場合、これが毎月ウン十万円とかかかるわけですから、経営者側のストレスは並大抵のものではありません。

こうしたことを考えずに、自分の懐のことだけを考えて、根拠のない契約継続をはかるのは二流コンサルタントの証と言えます。実際、一流コンサルタントの方は総じて、コンサルティング期間に関して、わかりやすくオープンにされています。

以前、コンサルティング契約が長く続いていることを、パーティー会場で延々と自慢されている方と出会いましたが、それとなく聞いてみると、これまでに数社しかコンサルティング先がなく、長く続いている顧問先というのも、知り合いからの紹介先だけで、内情はたいへんで困っている、と明かされたことがあります。

思わず、「困っているのは、あなたではなく企業のほうですよ」と言いたくなりましたが、こうした方々は、企業側からの抵抗を少しでも和らげるためか、はたまた自責の念からか、継続契約を得るために企業内の作業を肩代わりしたり、持ち帰って実務をすることが非常に多いのです。

彼らに言わせると、実務作業も行なっているので、その分の対価としてコンサルティング契約を継続してもらっているとのことですが、それはもはやコンサルティングではなく、作業代行です。

悪いことは連鎖する

さて、もうお気づきの方も多いと思いますが、売れないコンサルタントに共通する5つの勘違いというのは、一見、一つひとつバラバラに見えますが、実は5つとも非常に密接に関係していることがわかります。

ですから、「自分は5つのうち、ひとつだけやってしまっていた」という方は稀で、たいていは3つ4つ、人によっては5つとも全部当てはまるということも、決して珍しくはありません。

たとえば、根拠のない契約継続のスタイルを取っている人は、下請けや作業代行をしていることが多いし、やたらとコンサルティングメニューを並べていたりします。また、自分のパーソナル性を売ることに熱心で、肝心のコンサルティング内容はというと、実は経験と勘頼り……という方も非常に多いのです。

これは、ひとつのダメな要素と連動して負を生み出す……ということです。要するに、ダメなことをひとつでもやっていると、どれもこれも連動しているため引っ張られて、すべてがダメになっていく、ということです。

ですから、売れるコンサルタントになるためには、「ひとつずつやめるのではなく、5つとも同時にやめる必要がある」ということです。

「そんなことをしたら、仕事がなくなってしまう」とか、「いくらなんでも無茶苦茶だ！」という声が聞こえてきそうです。たしかに、これには相当な覚悟が必要だし、自分には無理かもしれない……と言う人が多いことも事実です。

しかし、安心してください。「本質的によいこと」や、「成功すること」を集中してはじめると、自然と、やらなくてよいことはやらないようになります。ちょうど、健康のために「食べ過ぎない」「お酒を飲み過ぎない」「夜更かししない」「間食しない」と、やってはならないことをひとつずつやめるよりも、毎朝のジョギングを習慣づけるようにすると、いつの間にかどれもしていない……というのと似ています。

幸い、コンサルタントとして成功するためにやるべきことは、実にシンプルです。それは、世間で言われていることとは相反することだったり、一見関係がないことのように思われてしまうため、多くの人は重要視していません。

しかし、効果は非常に大きく、本人に意志とやる気さえあれば、誰にでも必ずできるものです。

ただし、最初のうちは、ついつい忘れていつの間にか「5つの間違い」を、またはじめてしまっていることがあります。それも「ひとつくらいなら……」と考えがちです。しかし、悪は連鎖していることを忘れないでください。

ひとつでもまたはじめていると、2つ、3つとどんどん、また元通りになってしまいます。これを忘れないために、あえて「一流と二流」というキツイ言葉でご説明しました。

私はこれまでに、多くのコンサルタントが、成功の階段を上がっていくのをこの目で見てきました。また、実際に上がっていくお手伝いをしてきました。

それでは次章より、いよいよ、その実務ポイントについて、わかりやすくお伝えしていきたいと思います。

4章

独自のキラーコンテンツの作り方

学んだことを教えてもコンサルタントになれない

独自性とは何か

さて、独自のキラーコンテンツを作る方法をこれからご説明していきますが、まず最初に、「教える内容の独自性」についてご説明します。このことを理解していないと、後にご説明することをよく理解できないどころか、最悪の場合、逆効果になってしまうため、よくよくご理解いただきたいと思います。

まず、コンサルタントにとって「教える内容の独自性はきわめて重要」ということです。本書の冒頭でも、〝独自性こそコンサルタントの最強の強み〟とお伝えしましたし、再三重要だと申し上げてきました。もう充分だと思うのですが、なぜあえて繰り返すのかと言うと、**独自性を生み出す方法を、意外と多くの人が間違えている**からです。

たとえば、先生業にはざっくり、ABCDの4つのゾーンがあるとご説明しましたが、この4つのゾーンのどこの先生でも、ご自分が教える内容については、くわしい知識やノウハウを持っているはずです。何も教える知識がないという人は、先生業をやっていないはずだし、そもそも仕事が務まりません。

アカデミーのAのゾーンでは、先生方はさまざまな教科の知識を持っています。学校では国語、算数、社会といった教科をはじめ、教え方にも工夫をこらして生徒に理解されやすい授業を行なっています。これは、学習塾でも基本的に同じで、講師の先生方は教える内容や技術について高めていっています。

これは、ビジネスのBのゾーンでも同じく、研修講師の先生やセミナー講師の先生は、自分が教えるテーマにおいて、さまざまな専門知識を持っているはずです。営業マン向けのセミナーの先生は営業話法や販売テクニックなどを、経理担当者向けの先生は簿記などの知識を、ビジネスマナーであれば接客や電話応対など、各々の専門分野における知識や技能を充実させています。

カルチャーのCのゾーンにおいても、やはりこれは同じです。お稽古ごとで習いに来る生徒に対して、お茶や踊り、お花、ゴルフ、テニス、歌……各々の先生方は、専門的な知識や技能に磨きをかけていっています。

そして、ドクターのDのゾーンにおいても、やはり先生方は、新しい知識や方法を探し回り、研究しています。

先生業は教えることが仕事ですから、専門的な知識や技能を常に高めていく必要があるのです。

さて、ここでひとつ質問です。

「各先生方は、自分が教える内容をどうやって手に入れたのでしょうか？」

豊富な知識や技能がなければできない先生業ですが、そもそも、そうした知的なものやノウハウといったものが突然、頭の中に湧いてきた！　という方はいるはずがありません。では、いったいどうして先生方は教える商売ができているのか、ということです。

実に単純なことですが、人は誰でも、学んで知識や技能を増やしているということです。ノーベル賞を取るようなすごい方々でもそうですが、最初はみな赤ちゃんで、子供の頃には、それほどすごい知識も才能も持っていません。大人になるにつれて、そしてさらに努力を重ねるなかで、人に抜きんでた知識や才能を開花させてきているのです。

これは、ABCDのどのゾーンの先生でも同じです。学校の先生は、文科省による学習指導要領が示されていて、教科書や教え方まで含めて細かく決められています。先生として教えられるように、これらをしっかりと学んでいっているのです。

研修の先生も、基本的には同じです。多くの先生方は、プロ向けの専門学校やスクールで学んだり、○○士などの資格を勉強したり、専門家による個別指導などを受けて、自らの教える知識や技能に磨きをかけています。

カルチャー系やお稽古ごとの先生も同様で、たいていの場合はいわゆる徒弟制になっていることが多く、先生の上に先生がいて、新しい情報や教える内容・テクニックなどを、自分の上の先生に学び、充実させていっています。

そして、Dのゾーンの先生方についても、日々のコンサルティングを通じて経験知を増やしたり、また全国各地、実にさまざまなところに行って学び続けています。自らの専門知識やノウハウを、よりいっそう高めるために、一流コンサルタントであればあるほど、不断の努力を怠りません。

これら、先生業のすべては「教える」ということにおけるプロフェッショナルなのですから、自らの知識や技能を高め続けていくために、常に最新の情報を入れ続け、学んでいかなくては、あっという間に陳腐化していってしまいます。ある意味、学び続けることは、きわめて当然のことと言えるでしょう。

では、先にお聞きした、教える内容に独自性があるという状態とは、どういうことでしょうか。わかりやすく言うと、**「その人からでなければ教えてもらえない」**ということです。

こう言うと、「そんなことはわかっている」とか、「当たり前でしょう」と、みなさんはおっしゃいます。しかし、現実的には、今ご説明したとおり、誰もが学んだことを教えているのです。これは、いったいどういうことなのでしょうか。

教えるテーマ設定はどうなっているか

どのゾーンでも、学んだことを教えているのですが、Dのゾーンにおいては、ひとつ大きな特徴があります。それは、**「学んだことを直接教えていない」**ということです。

学んだとおりに教えないというと、もちろん、他のゾーンの先生の場合も、自分なりに教え方をアレンジしたり、工夫を重ねている方も多くいます。有名な塾講師の先生方は、ユニークな言葉遣いもプラスして、他にない独自性を打ち出して人気を博しています。

そういう意味では、D以外のゾーンにおいても、「学んだことを直接教えない」という先生はたくさんいらっしゃいます。

では、なぜDゾーンの先生の「特徴」と申し上げたのかと言うと、**コンサルタントの仕事の本質は、「新たに生み出したもの、独自の方法として体系化したもの、自分が発案した効果的なノウハウを教えること」**だからです。

教える内容のすべてではないにしろ、中心となる部分は、その人のオリジナルの考えや独自のノウハウで構成されているからこそ、世の中にないビジネスノウハウとして、経営者から依頼を受けることができるのです。

このことは、「教えるテーマ設定」に違いが現われてきます。

たとえば、最も顕著なAのゾーンでは、教える内容は国語や算数、科学、歴史といった教科ごとになっていて、その教科ごとに授業が組まれています。

これは、高校や大学、さらには社会人学校などでも、「情報処理学」「社会福祉学」「心理教育学」「色彩行動学」など、おおむね「〇〇学」といった言葉で表現されるような、非常に学問的な内容になっていることがわかります。

また、Bのゾーンでも多くの場合は、「ビジネスにおけるさまざまなテーマ」が主題となっています。「電話応対」、「販売の基本」、「モチベーションアップ」、「在庫管理」、「報告・連絡・相談」、「部下指導」、「簿記・経理」、「敬語と話し方」など、ビジネスマンとして必要なスキルに照準を当て、そのテーマごとにセミナーや研修が行なわれることが一般的です。

そして、このことはCのゾーンでもおおむね同じです。テニス、ゴルフ、踊り、スイミング、お茶、お花、陶芸、ピアノ、パソコン、英会話といった、種類別ごとにレッスンや教室が行なわれています。これらが意味することは、ABCのゾーンにおいては、教えている内容は、一種の「科目」のようになっているということです。

では、Dのゾーンはどうでしょうか。さまざまなコンサルタントの先生がいますが、その方々の教えるテーマを見てみると、少し毛色が違うことがわかります。

たとえば、「社員が喜んで働く仕組みの作り方」とか、「インターネットで効率よく集客する方法」、「自社ブランドを構築する具体策」、「3割高くても売れる商品開発法」、「売れる店頭営業戦略」など、会社や経営者が直面するさまざまな問題に対して、具体的な目的を達成するためのやり方や考え方、実務などを教えています。

前述の通販コンサルタントのS先生も、「通販事業を立ち上げて、新たな売上利益を上げていく方法」を指導されているのであって、当然ですが、何か学問的な「通信販売学」のようなものを教えているわけではありません。

私の知っている、売れている他のコンサルタントの方々も、「具体的な目的を達成するための方法」を教えています。一般的な情報を教えている方はいません。

この点は重要です。なぜなら、経営者や企業が必要としている目的達成の方法というのは、その影響範囲は非常に多岐にわたっており、「これを学べばＯＫ」といったひとつの科目的なものは存在しないからです。

当然、「〇〇」と「〇〇」の両方の知識があれば、といった単なる組み合わせ程度では太刀打ちできません。たとえば通販なら、商品の郵送対応とパッケージ化や、反応が上がるパンフレット制作、受注対応と顧客管理のシステムといった、さまざまな実務に加え、無形ノウハウを複合的に組み合わせていき、こうすれば実現できるという「うまくいく方法」を、自ら考え出していかなければならないのです。

そして、「直接的な教科書になるものは存在しない」ということは、「直接的な先生もいない」ということです。

つまり日本全国を探しても、直接的な内容を教えてくれる人はいないわけですから、コンサルタントの場合、基になる知識やノウハウ、これらはもちろん誰かに聞いたり習ったり、本から学んだりするにしても、**自分が教えるテーマに応じて、自分なりに応用、変換する必要がある**ということです。

本書の冒頭から、オリジナリティ、独自性こそコンサルタントにとって重要と申し上げてきましたが、コンサルタントとしての存在自体が、実は必然的に独自性を作り出さざるを得ない環境になっている、ということなのです。

逆に言えば、コンサルティングと称していても、どこにでもあるような情報や、他の人でもできる程度のことしかしていないなら、診断やアドバイスはできても、コンサルティングはできないということです。そういう意味では、言葉は悪いですが、私はよく「**学んだことを教えてもカネにならない**」とお伝えしています。

これは、ちょっと言葉足らずで誤解を生みやすいのですが、教える内容や方法を学んで仕事になるのは、学校の先生やカルチャーセンターの先生、塾講師、インストラクターやトレーナー、ビジネス講師といった、ＡＢＣのゾーンの先生方だけだからです。Ｄのゾーンでは、残念ながらその手法は通用しないということです。

一流と二流の思考の差

マネるべきノウハウとマネてはならないノウハウ

今、Dのゾーンのコンサルタントの場合、学んだことを「そのまま」教えても通用しないと申し上げましたが、これにはもうひとつ、重要な意味が含まれています。それは、「偽物」になってしまうということです。

「キラーコンテンツを持つコンサルタント」になるためには、独自性こそが存在価値となるため、誰かが言っていることや教えていることをマネたりすれば、それはすなわち「パクリ」になります。これは、同業はもちろんですが、経営者からもきわめて大きなマイナス評価を受けることになります。

よく、「バレなければ……」という考え方をする人もいますが、経営者は経営者同士、さまざまな情報網や口コミのネットワークがあり、すぐに「あっちが本家」とわかってしまいます。そんなところに、自分が生み出したノウハウ、などと言いながら出て行けば、まさに盗人猛々しい、ということになってしまいます。

いわゆる、マネやパクリというのは、どんな業界でもありますが、固有の商品やサービスがなく、知的アイデア、知的ノウハウこそが生命線であるこの業界におけるコンサルティングのテーマは、いわゆる本や音楽、映像といった「著作物」に限りなく近い感覚です。誰かが書いている小説を、同じように書いたり、売れている音楽をマネして出したら小説家やアーティストとしては、誰からも評価されないのと非常によく似ています。

つまり、仮に習ったことを教えたくても、そのまま教えてしまうと二流どころか、偽物のレッテルを貼られてしまう危険性があるということです。

では、誰に習ったかを明らかにして教え、自分はCのゾーンのように師匠に習いに行けばどうなるでしょうか。

コンサルタントの場合、売れている大御所的な先生の傍について、そのノウハウを学んでいき、時期がきたら免許皆伝のようにして教える許可をもらう、という方法があります。

これは、いわゆるカバン持ちのスタイルが多く、クライアントとの接し方や教え方、講演やセミナーのやり方、集客・開拓、文章の書き方、トラブルの対処法など、コンサルタントとしてやっていくために必要なさまざまなノウハウを、確実に身につけていくことができるという利点があります。実際、私の知っているコンサルタントで、こうした大先生に師事されてきた方もいらっしゃいます。

こうしたやり方は、たしかにメリットも大きいのですが、一方でデメリットもあります。

それは、免許皆伝までに少なくとも5年、10年以上かかることも珍しくないこと、また世間的にはどうしても「弟子」や「二番手」というイメージがつきまとい、「そこそこには売れるけれど……」という状態になりやすいことが挙げられます。

新卒もしくは社会人を数年経験して独立した方にとって、修行期間の10年というと、20代から30代後半くらいまでの若さで、これから脂が乗ってくるような時期なので、それはそれでいい選択だと思います。

空気を読まなくては進められないようなことが、コンサルティングには多くあります。そういう意味では、ある程度年齢を重ねた人のほうがコンサルタントとしては向いているし、そうしたことをカバン持ちとして傍で勉強できることはとても貴重なことだからです。

しかし、定年退職を機に、これから第二の人生をコンサルタントとしてとか、サラリーマンを20年間やってきて、自分のノウハウを何か売りモノに変えてこれから独立したいという方々にとっては、年齢的に考えても厳しいものがあります。

また、ようやく免許皆伝となって独り立ちしても、自分のやることなすことすべてが、大先生の教える内容や指導方法に似てしまう、という問題もあります。何年も仕えて学んできたのですから、当然と言えば当然ですが、これが独自性を出そうとすることとは正反対なためやっかいなのです。

とくに、教えている内容の重要な部分や、開催するセミナーのタイトル等に固有の名前がついている場合、これが顕著になります。「マネしたくないのに、マネになってしまう」、「他のテーマのことをやろうにも、他に教えられることが意外とないし、すぐに似たようなものになってしまう」という難しさです。

クライアントの守秘義務上、お名前等をここで記すことはできませんが、有名な横文字系の「○○マーケティング」とか、「○○式　経営法」といった内容が色濃く出ているコンサルタントの方が来られて、「独自色を出したい」といったご相談を受けることがあります。

おうかがいすると、やはり有名な大御所的コンサルタントの方に師事され、そこで何年も学んでこられたとのことでした。

「お陰で、コンサルタントとしての基礎は身につけることができましたが、自分独自のコンサルティングをやろうとしても、どうしても師匠と似たようなものになってしまい、それが原因か、いまひとつ売れないで困っている」といった内容でした。

実は、この手の話はよくあることなのですが、「マネるべきノウハウと、マネてはならないノウハウ」をしっかりと理解して、そして独自性を生み出す「加工」を行なうことが、ヌカルミから脱出する現実的な手段となります。

いずれにしろ、大先生について学んで一本立ちしてコンサルタントになろうとする場合、メリットも大きいのですが、デメリットもあるということだけは、しっかり覚えておいてください。

そして、大事なことは、マネていいノウハウの部分をしっかり学ぶことです。マネていいノウハウとは、ズバリ「考え方」です。

別の言葉で言えば、「思考方法」や「思考回路」と言えばわかりやすいでしょうか。答えやノウハウそのもの、またやり方そのものをマネると「パクリ」ですが、答えを導き出す思考方法はマネて問題になるどころか、むしろ、大いにマネるべきなのです。なぜなら、これが一流コンサルタントになるためにきわめて重要な要素だからです。

一流の思考エンジンを積む

たとえばコンサルティングの現場で、「この資料を用意して、この順番で教えていけば、みんなに伝わってうまく進む」ということを、資料もやり方もそのままマネれば、当然パクリです。実際、この手の浅はかな自称コンサルタントがかなりいるので、本当に困ると言うか、ガッカリさせられることがあります。

本書をお読みの方には、決してこのようなことを行わないように願いますが、「学ぶべきは思考方法」とお伝えした通り、「なぜ、この資料を作っているのか」、「この資料の作成意図は何か」、「なぜ、この手順で進めていくとうまくいくのか」、「つまずくのはどういう所が多いのか」、「そもそも、なぜ問題が起きているのか」、「問題が起きないようにできないのか」といった思考方法こそが重要です。

大先生が生み出したコンサルティング方法も、何かの考えがあって、試行錯誤の上に現在のやり方に辿りついているわけです。その、「どのような考え方によって生み出されたのか」という思考方法こそ学ぶべきものです。枝葉末節の表面的なことばかりに目が行っていると、本当に大切な考え方の部分を見逃してしまいます。

しかも、枝葉末節の「こうしたらうまく行く」という部分だけマネしても、「なぜ、そうしているのか」を理解していないと、状況が変わればすぐにうまくいかなくなります。また、本質の理解がなければ、進化させることもできなくなります。

この考え方と非常に共通点が多いのが、トヨタの生産現場での思考法です。トヨタ自動車の生産品質と効率のよさは世界的に有名ですが、ある意味、最も優れているのは、「なぜを5回繰り返す」という、原因究明への思考の浸透にあると言われています。

これは、トヨタ自動車工業の元副社長・大野耐一氏が、著書『トヨタ生産方式』（ダイヤモンド社）の中で説かれていることですが、「表面の問題だけを見つけても対処療法しか出ず、より深く、なぜを5回繰り返すほどの探究をして、初めて問題の本質がわかる」ということです。

モノづくりの場合、こうした思考がなければ、他社の優れた生産現場を見て最先端の機械を導入し、その瞬間はうまくいったとしても、何か問題が起きた場合には根本解決はできない上に、よりいっそうの品質向上や生産向上といった進化をさせることは、とうていかなわないということになってしまいます。

儲かっている生産メーカーだからといって企業買収をしかけても、そこにいた優秀な社員が次々に辞めてしまって、生産現場で培われていた無形ノウハウが流出してしまったら、工場といっても、単なる箱にすぎません。どれだけ最先端の機械が並んでいても高品質の製品は作れず、新商品も産まれません。最悪、不良が続出し、あっという間に赤字垂れ流しの工場になってしまうことが、現実にあり得ます。

会社を、売買対象のモノとしてしか見ない二流のファンド会社の場合、生産設備や技術的優位性といった、眼に見える部分を重視するかもしれませんが、優秀な経営者は、「人に根づいたノウハウや思考こそ財産」と考え、機械やレシピそのものには重きを置かないのは、こうした理由からです。

これは、コンサルタントにおいてもまったく同じです。私は、こうした良質の考え方や思考方法のことを、**「思考エンジン」**と呼び、思考エンジンの向上こそ重要と、以前からことあるごとに周囲にも部下の指導の際にも、そして最近ではコンサルティングにおいても説明しています。

よい思考エンジンが搭載されれば、同じ現象を見ても視点はおろか、考え方もまったく変わり、はじき出されてくる答えも変わってくるからです。

大先生に師事される場合は、最初は一つひとつ丹念に形から学んでいくとしても、ある程度のところまで来た段階で、思考を学ぶことです。

コンサルティング現場を見ても、そのやり方そのものを学ぶのではなく、本質的なことを学べ、ということです。そうすれば、師匠のやり方をそのままマネしなくても、自分のステージで自分の方法でやっていくことができるようになります。要するに、応用がきくようになるのです。

これは、最初は基本を忠実に守り、次にそれを応用、最後は型から離れるという、能楽を確立した世阿弥の教えの、「守破離《しゅはり》」の考え方と非常に共通することと言えるでしょう。

自分だけのキラーコンテンツを作る2つの手法

キラーコンテンツは「常識発想」では生み出せない

では、コンサルタントとして、その他大勢の同業者から一歩抜きん出て、大きく売れていくようになるための「キラーコンテンツ」、「コンサルティングするテーマ」を、どう設定していけばいいのでしょうか。

このとき、多くの人が真っ先に考えがちなのは、いわゆる「マーケティング的な差別化戦略」です。しかし、これまでにもご説明してきたとおり、この手法や発想は、競合だらけの中でどう生き残るかというものであり、BやCのゾーンの先生、職種的には研修講師や士業の方々向けの方法であり、実はコンサルタントの方が安易に取り入れて失敗しやすい、最も典型的な落とし穴のひとつです。

よくある「地域を絞りなさい」「顧客を限定しなさい」「専門特化しなさい」に代表される手法ですが、これらは、根本が市場細分化の発想ということに気づかなくてはなりません。使い方を一歩間違えると、顧客対象が無意味に狭まってしまうという大きな危険性があるのです。

「狭めて何が悪い」という方もいらっしゃるでしょう。たとえば地域限定です。実は、士業の方々は、その仕事の特性上、もともと地域の制約の中で活動されていることがほとんどであるため、地域を限定するデメリットはあまりありません。しかし、コンサルタントの場合は逆で、地域を限定する必然性は、まったくと言っていいほどないのです。

私が知っている、売れているコンサルタントの先生方は、みなさん全国各地を飛び回っているし、海外からの依頼で中国や東南アジア各国に年に何度も行っている方もいます。地域限定は、むしろ大きな足かせになってしまうのです。

さらに、特徴を出すと言っても、実際には顧客と科目を限定している場合がほとんどであるため、専門性が上がることはあっても、マネが効かないような突き抜けた強みやキラーコンテンツにはとうていならないという問題があります。また、同業も同一の絞り方が簡単にできてしまうだけに、たちまち熾烈な戦いになってしまいます。

このマーケティングとは本来、広範囲に市場展開できる力を持っている企業が、まさに文字どおり、「市場＝マーケット」戦略として、細分化・差異化から新たな商品・サービスを生み出すための手法であり、基本的に、流通や販売を伴って大規模に活動するときに効果を発揮する戦略手法です。

要するに、個人向けに使うところに問題があるのです。

当然、応用活用が必要であるにもかかわらず、都合のいいところだけを聞きかじりで行なうと、本当に売れない「単なるユニークな先生」という悲惨な結果になるため、よくよく注意が必要なのです。

マーケティング的発想から考える方法は、効果のほどはともかくとして、そもそも、ちょっと探せば巷にいくらでも溢れていることと、そこからキラーコンテンツを作り出すことは事実上不可能と私は考えているため、本書ではそうした方法には触れません。

むしろ、本書を手にしていただいた方にとっては、他では得られない内容にこそご興味があるはずです。ですから、私が実践の中から考え、独自に生み出してきた手法についてお伝えします。

私は、実際のコンサルティングにおいて、主に数種類の手法を組み合わせながら指導・アドバイスを行なっています。これらの手法は、私の20年以上の実務経験を基に、講師・コンサルタントの方々を売り出していく際に、試行錯誤を繰り返しながら編み出し、体系化したものです。いわゆる、一般的なマーケティング方法とは大きく異なる、いわば地味でドロ臭い方法です。

これらの手法の中から、本書ではとくに、当事者ご自身で実践がしやすい2つの方法に絞ってご説明いたします。これは、人は誰でも自分のことはよく見えず、「自分のことは、自分が一番よくわからない」ということが本当に多いからです。

よく、「素直になって本当の自分と対話して……」とか、「喧噪から離れて、自分を見つめれば……」といったことを言う人がいますが、それで本当の自分が見えて、コンサルタントとして頭角を現わす独自のコンテンツが設定できるのなら、旅先には「すごい気づきの人」だらけになっていそうなものです。

あいかわらず言葉が悪くて恐縮ですが、そんなことでわかる程度のことは、自分の趣味や自分のしたかったことという個人性の範囲内のことです。もちろん、そうしたことも大事な面ではありますが、本気の仕事レベルとなると話は別です。

商売は、すべてお客様あってのことであり、自分から見た一方的な趣味の延長では、コンサルタントとしての成功は叶いません。あくまでも、コンサルタントとして本当に売れていくためのテーマ設定やキラーコンテンツを考えるなら、しっかりとした論理的な思考に基づかなければ作り出すことはできません。要するに、思いつきレベルでは、とうてい不可能ということです。

これからお伝えする方法は、きわめて実用的かつ実践的な方法です。ぜひ、ご自分のキラーコンテンツづくりに活用していただきたいと思います。

経営者向けに変換する

フレーズひとつでテーマは変わる

まず、ひとつ目の方法は、「そのまんま」と思われるかもしれませんが、ズバリ、「経営者向けに変換する」という方法です。もちろん、Dのゾーンを意識した意味なので、エグゼクティブ向けや事業部長向けでもOKです。要は、決裁権を持っている人ということです。ご自身のされているテーマを基に、最も都合のよい方向性でお考えいただければいいのですが、同時に複数だと考えにくい場合は、「経営者向け」に絞ったほうが考えやすいと思います。

その方法とは、テーマを、

「社長のための、○○○のやり方」

「エグゼクティブのための、○○○のやり方」

「中小企業のための、○○○のやり方」

「事業部長のための、○○○のやり方」

といった表現に書き換えて考えるという手法です。

あまりにも、当たり前の方法のように思われるかもしれません。このことをお伝えして、「馬鹿にしているのか！」と怒り出す人がたまにいらっしゃるのですが、とんでもない、こちらは大まじめでお伝えしています。

誰でも、「自分にぴったり」の商品・サービスには目が向いて気になるものですが、そうでなければ素どおりしてしまうものです。男性の高齢者向けに作られた商品と聞けば、若い女性はほとんど見向きもしないのが現実です。

同様に経営者は、「会社や経営者のための商品・サービス」にはアンテナが立っていますが、それ以外のことについては関心が低いのです。実に当り前のことです。

ところが不思議なもので、これほどわかり切っていることであるにもかかわらず、どうもビジネスものであれば一様に同じと考えているのか、対象を広くしないと怖いのか、理由はわかりませんが、多くのセミナーやコンサルティングのテーマは、広く一般ビジネスマン向けになっているのです。

口を酸っぱくして申し上げますが、**テーマが「サラリーマン」や「ビジネスマン」を対象としている限りは、Dゾーンの経営者はまず見向きもしてくれません。**自分事のテーマでないために関心が低いからです。ビジネスマンや、担当長レベルの話であれば、「それは彼らに任せておけばいいだろう」と経営者は考えます。

実際、経営上のさまざまな問題、収益を上げるためのことを経営者が考えなければ、後は誰も考えてくれませんから、経営の重要テーマに経営者が集中して考えるのは、至極当然のことなのです。経営者が、スタッフ向けのことばかり考えていたら、事業はあっという間に停滞してしまうことになります。

ですから、さまざまな情報の中から、経営者の方々に、「このテーマ、コンサルティングは、経営者向けのものですよ」ということを伝えるためには、「経営者のための……」という表現を取ることは、現実的に重要ということなのです。

ご自分のテーマで、ぜひ実際に試しに行なってみていただきたいのですが、ビジネスマン向けの普通のテーマが、何やらちょっと変わった感じになるから不思議です。

たとえば、「簿記経理」というテーマの頭に、フレーズをつけてみると、

「経営者のための簿記経理」

となります。他にも、

「経営者のための在庫管理」とか、

「経営者のための指示の出し方」、

「経営者のための話し方」、

「経営者のための文章の書き方」

などなど、やってみると、担当者レベルのテーマだったものが、経営者とかエグゼクティブ向けのテーマに早変わりします。そのまま、上にフレーズをつけるだけでは変な感じになるときには、

「経営者が考えるべき」
「経営者が手を打つべき」
「中小企業がやるべき」

といった言葉にしてみるのもひとつの手です。

たとえば、「電話応対」とか「クレーム対応」、「新卒採用」といったテーマに、そのまま「経営者のための……」とつけるとおかしな感じになりますが、上手にフレーズを変えてつけてみると、

「経営者が考えるべき、自社の電話応対」
「経営者が手を打つべき、クレーム対応」
「中小企業がやるべき、新卒採用」……

といった感じになり、落ち着いたテーマに変わります。実に簡単に、経営者向けのテーマが作れることがおわかりいただけると思います。さっそく、ご自分のテーマで実際にやってみてください。

「○○戦略」でテーマが変身する

今お伝えした方法でも、かなりの確率で経営者向けのテーマに変換が可能ですが、やっぱりダメだ、「扱っているテーマがそもそもが、経営者対象ではないので無理だ」と頭を抱える方がいらっしゃるかもしれません。実際、ご相談のときにもそうした声を聞くことがあります。

たしかに、ただ単純に「経営者のための」とフレーズをつけるだけでテーマ設定が変えられるなら、これほど簡単なことはありません。実際、それだけで決まるケースというのは稀です。では、どうすればいいのでしょうか。

ここで思い出していただきたいのですが、営業コンサルタントのFさんの場合も、「売れる営業術」とか「モチベーションアップ」とか、「商談方法」といった、いわゆる営業スタッフ向けのテーマでセミナーや講演を繰り返し行なっていました。これらのテーマに、「経営者のための」とつけただけでは、かなり無理を感じます。

では、どうするのか。これには、少し大きなテーマにしておいて、後ろに「戦略」という言葉をつけるという方法があります。

「社長のための営業戦略」

「経営者のための銀行対策戦略」

「社長のためのマーケティング戦略」
「中小企業のための新規開拓戦略」
「社長のための在庫戦略」……

いかがでしょうか？　「たったそれだけ？」と思われがちなのですが、不思議なことに意外と立派な経営者向けのDのゾーンのテーマに見えてきます。

よく、「経営者向けのテーマづくりは難しくてわからない」といったことを、ご相談でもうかがいますが、難しく考えるより、実際にやってみるとそれほどでもないことがおわかりいただけると思います。もちろん、実際にその内容で話せるかどうか、は別問題です。ただし、そのことは、いったん横に置いておいてください。

これらの方法は、最初は慣れが必要なため、多少の訓練が必要かもしれませんが、誰にでもできることだし、大半のテーマで変換が可能です。

こんなに簡単にできてしまうのなら、さっそく明日から……と動き出す方もいらっしゃるかもしれません。しかし、あわてないでください。重要なのは、ここからなのです。

変換して足りないところを埋める

すでにお気づきの方も多いと思いますが、経営者向けのフレーズをつけてテーマ設定を行なったとき、その言葉から「何か特別なもの」や「特殊な感じ」、「妙なイメージ」が感じられることがあります。あるというより、ほぼすべての場合でこのような違和感を感じます。

たとえば、「決算書の読み方」という、総務・経理担当者向けのテーマに、経営者向けのフレーズをつけてみると、「社長のための決算書の読み方」というテーマができますが、これを見たとき多くの人は、「何か社長ならではの、特別な決算書の読み方があるのでは？」と感じるはずです。この特別な感じや、特殊感、妙なイメージを感じることは、きわめて重要です。

なぜなら、この違和感こそ、**「どこを修正、補強すればいいかを教えてくれている」**ポイントだからです。

もし、経理スタッフ向けのテーマを、そのまま経営者向けにセミナータイトルだけつけ替えたとしたら、項目を見たときに「これ、経営者用の内容になっていない」とすぐにわかってしまいます。もし、このままの内容でセミナーを実施すれば、ご参加の経営者の方からは、「何だ、担当者レベルの話じゃないか！」と、高い確率でクレームになるはずです。

特殊なものを感じたからこそ、経営者が目を止め、足を運んでくれるのですが、それが、もし普通の内容であればクレームになって当然です。

だからこそ、その違和感やギャップ、期待されることに対して、穴埋めが重要なのです。

たとえば、「経営者としての決算書の読み方」という言葉を聞くと、「きっと、学問的なことや経理的な読み方ではなく、経営に関する大事なポイントを逃さない、社長ならではの読み方があるのでは？」ということをイメージする人が多いと思います。このイメージが重要なのです。

経営者には極端な話、「貸方」や「借方」といった言葉なんてどうでもよくて、簿記経理の知識さえ要らない。「ウチの会社は、本当のところいくら儲かっていて、これからどう手を打てば、会社がよりよくなっていくのか」というポイントが知りたいのです。

このイメージに合わせて補強、修正をすれば、見事に顧客の期待に応えられる内容になるということです。

大事なことは、勉強したり学んだことを組み立てるのではなく、期待されるテーマやイメージを先に作り、それに足りない部分を埋めるということです。

ご自分のテーマで、経営者向けに変換したとき、どういうイメージになったり、○○戦略としたとき、何が足りないか、を考えてみてください。その足りない部分が弱点であり、それらを修正、補強することで、必ず経営者向けの強いテーマ設定ができあがります。

大きなお金が動く接点から作る

経営者が気になる金額

独自のキラーコンテンツを作り出す、自分でやりやすいもうひとつの方法は、「Dのゾーンの人が、お金を払うことと何か接点はないか？」と探す方法です。

これも一見、当たり前のように考えられがちなのですが、意外と単にビジネス的にお金が動く程度のところにしか、テーマ設定していない人が多いのです。

商談やモチベーションアップ、電話応対、商品開発やネット通販、IT、ビジネスマナー、5S、生産管理といったことは、たしかにビジネスに密接に絡んでいて、どれもお金が関係しているテーマです。

しかし、忘れてはならないのは、**「Dのゾーンにとって重要となる金額」とはいくらなのか**ということです。

普通のビジネスマンに決済できる程度のテーマやお金の話では、Dのゾーンの人が判断する必要もないし、そうしたことには興味も関心も持ってくれません。

経営者やエグゼクティブ、事業部長でなければ、判断も決済もできないような金額だからこそ、そのテーマに対して彼らは気に留めてくれるのです。

では、大きなお金が絡むテーマとはどのようなことでしょうか。一例としては、

「会社全体の売上げに影響する（3割とか）」

「社員全体に影響する」

「表面的ではなく、構造的に変わる」

「大きな投資でも、より大きなリターンが見込める」

「事業部全体に影響する」

「新たな事業部の設置や廃止に関係する」

「会社に大被害をもたらすリスク対策」

などといった内容が挙げられます。

これらのことが何を現わしているかと言うと、経営者としてのパーソナルなものを除けば、後はすべて、「会社全体に相当影響すること」ということがわかります。ある意味、実に単純です。

経営者のパーソナルなことについても、中小企業の、とくにオーナー社長の場合は、会社と自分の境界線が非常にあいまいというか、一心同体的なところがあり、「自分ががんばって作ってきた会社で、自分の体の一部や子どものような感覚」を持っている人が大半です。

そのような意味では、自分の社会性におけるメンツやパーソナルな部分は、会社と直結しているため、やはり大きな影響を感じるということなのです。

要は、家の近くで普段着でも気にもならない距離の外出でも、取引先と商談をするとなると、服装も話し方も髪型も持ち物も気になるということです。

経営者にとって、「会社にとって大きな影響を与えること」が気になるのは、至極当然です。だからこそ、この大きな影響を与えるテーマ、大きな金額が絡むテーマに、自分が行なっているテーマを合わせることで、Dゾーンのキラーコンテンツを作り出すことができるのです。

多くの場合、自分が教えているテーマの中で、非常に大きな金額や影響を与える内容に関するものが、ひとつや2つはあるものです。自分が行なっていることを書き出してみて、じっくりと探してみることです。

経営者が気にする金額とは、企業規模にもよりますが、どんなに少なくても数千万円を下回ることはありません。通常は数億から数十億といった規模間で、場合によっては百億円といった単位のものです。

実際、この作業を行なうことで、大きな突破口が開けてきます。営業コンサルタントのFさんの場合が、まさにこれに当てはまります。経営者向けのコンサルティングテーマを組み立てるために、ご自分のテーマの中から大きなお金に絡むことを探し出していただくと、「新販売ルートの構築」や「大型受注のやり方」、「営業部隊の組織づくり」といった大きなテーマが複数出てきたのです。

これらは、営業スタッフ向けのテーマではなく、動かす金額や人数からいって、事業部長や経営者が絡んでくる内容です。明らかに、経営者向けのテーマを潜在的に持っていたにもかかわらず、わざわざ混ぜこぜにしてBのゾーンのテーマで一所懸命に活動していたのです。

他人の話だと、「何だかもったいない話だね」と笑っている人が多いのですが、実はご相談に来られる人の中には、このパターンの人が非常に多いのです。

本書の冒頭でも、10年以上、会社の現場で勤めてきたリーダー的な方なら、キラーコンテンツになるようなものは、ほぼ間違いなく持っているとお伝えしましたが、これがまさに、その理由です。

自分で気づかないでウロウロしている間に、さもっともらしいBゾーンに引き込まれる話に乗って、どんどんその他大勢の人と似たようなテーマとなり、特徴をなくしていく、という方が非常に多いのです。大事なことは、立ち止まって探してみることです。その探すポイントは、「大きなお金に絡むこと」、「会社全体に大きな影響を与えること」なのです。

影響度合は作り出すもの

「そうは言っても、自分のテーマの場合、どうしても金額が小さいので難しい」という方がいるかもしれません。たしかに、「データ管理」や「作業の基本」、「ビジネスレター」といった場合は、大きな金額にはならないように見えます。

しかし、これもキラーコンテンツの作り方のひとつ目のときに行なったように、フレーズをつけることで、大きく変わって突破口が開けてきます。

たとえば、

「全社でやるべき」
「全社員のヤル気が上がる」
「万一のリスクに備える」
「会社の競争力を引き上げる」
「取引先が増える」

といった、**会社全体を感じさせるフレーズ、大きな売上げやリスクに関係するフレーズと組み合わせたり、「○○戦略」をつけ加えることで、先ほどと同様、「妙な感じ」のテーマ設定が可能**となります。

単に「データ管理」では、気にも留めてもらえないテーマでも、「全社員の仕事効率が3

割上がる、社内データの管理・活用戦略」のような話になると、まったく聞こえ方が違ってくるのです。

大事なことは、「**影響度合や重要度合は、自ら作り出せる**」ということです。

もちろん、デタラメやいい加減なことを言っていいという意味ではありません。そんなことをしたら大問題になりますが、影響度を説明することで、初めて相手がその重要性を理解してくれるということが、事実としてあるということです。

単に「データ管理」のノウハウを教えると言っても、よほど痛い目にあったことがあったり、重要なデータを守る立場の人でもない限り、なかなかその重要性を理解してくれないものです。「担当者がやっているから大丈夫でしょう」程度に考えていることがほとんどなのです。

ところが、「会社の顧客データが漏れたら、老舗企業でも倒産のリスクがある」とか、「震災のとき、設計データのバックアップがあった企業がいち早く復活できました」といった補足表現をするとどうでしょうか。そうした上で、「社長が押さえておくべきデータ管理、5大ポイント」などとなれば、ひとつの気になるテーマとして浮上してくる可能性が高くなります。

この手法も、多くのテーマで応用できるものなので、ぜひご自分のテーマでも実践してみてください。当然ですが、Dゾーン向けにテーマを設定したら、それに期待される内容、イメージされる内容になるように、足りない部分を埋めなければならないことは言うまでもありません。

経営者向けのテーマづくりと内容を充実させることは、たしかに簡単なことではありません。しかし、この章の最初に申し上げた、「習ったことを教えてもカネにならない」ということを再度思い出してください。コンサルタントとして、キラーコンテンツを持てるかどうかは、まさにここにかかっているのです。

そして、たいへんそうに思えるこうした作業も、実際にはじめてみると、それほど難しいことでもたいへんなことでもないことに気づくでしょう。それは、足りない部分がわかっていて、「何をすればいいか」も自然と見えてくるからです。

同じ探すにしても、何だかよくわからない見えないものを探すのと、「足りないコレを探す」のとでは、探す労力も雲泥の差です。

自分が作ったジグソーパズルで、足りないピースを探してきて埋めればいいだけなので、想像するよりもはるかに簡単なのです。

これは、あくまでも**自分のテーマを経営者向けに変換しているところがポイント**です。まったく知らないテーマでマーケティング的に行なうと、それこそさっぱりわからず、手探り状態で一から勉強することになりかねません。

実際、次は「○○が流行る」という話を鵜呑みにして、2、3年ごとに全然違うテーマを追いかけて勉強して研修講師をしている人がいます。勉強熱心なことはけっこうなことですが、習ったことをほぼそのまま話している程度なので内容は浅く、しかも誰もが話せる内容であるため、数年ごとにテーマも変えざるを得ず、深さも増さなければ蓄積もしないという、非常に厳しい状況に自ら入っていっているのです。

自分がこれまでにやってきているテーマを、経営者向けに変換する方法であれば、こうした毎回ゼロから、といった心配は無用です。ノウハウを蓄積させていくこともできるし、コンサルティング能力を高めていくことも可能です。

重要なことは、**コンサルティングのテーマを、自分がやってきたことに必ず絡めながら、Dゾーンとの接点を見出す**ことです。

一流コンサルタントを目指すなら、特急券となるキラーコンテンツを手にすることです。付け焼刃で習った何かを教えることでもなければ、流行りの何かを勉強して教えることでもありません。

自分自身が体験しながら、ノウハウとして積み重ねてきたものを、経営者向けに変換することこそ、あなただけのキラーコンテンツを作り出す、最も現実的かつ速い方法なのです。

人の思考はそれぞれ特徴があるものだし、経験は千差万別です。だから、あなたの実体験を元にして生み出されたノウハウは、それこそ世界にただひとつだけのコンサルティングノウハウとなるのです。

本章では、Dゾーン向けのテーマ設定を行ない、キラーコンテンツを作り出す方法として、とくに「自分自身で行ないやすい2つの方法」をご説明しました。

ぜひ、みなさんにも実践していただきたいと思いますが、もうひとつ、キラーコンテンツを作り上げるうえで、何よりも重要なことがあります。それはノウハウの「体系化」です。

これなくして、キラーコンテンツができ上がることはありません。キラーコンテンツ化と体系化とは一対と言えるものであり、体系化されることで、コンサルティングが初めて力を発揮しはじめます。それは具体的には、コンサルティング契約の獲得にも直結することになります。

次章では、体系化の強烈なメリットと売る力を高める具体的な方法についてご説明していきます。

5章

キラーコンテンツを もっと輝かせる販売実務

「コンサルティング」は、売れるカタチになっているか？

ニーズを聞く愚

これまで、ご自身でもやりやすい、独自のコンサルティングのテーマの作り方をお伝えしてきましたが、読み進める中で、そのやり方に違和感を感じた方もいらっしゃると思います。その違和感とは、「テーマをそんなふうに作り上げていいのか？」とか、「経営者に、本当にそんな需要があるのか？」といったものでしょう。

違和感を感じた方の感覚も、ある意味とても自然なものかもしれません。いわゆる、ニーズは消費者に聞くべきという「マーケットイン」的な考え方をする場合、先ほどご説明した手法だと、どうにもそぐわないからです。

よく、マスメディアや経済誌などで、メーカーや提供側の発想によるものづくりを指して「プロダクトアウト」、消費者や市場の声から商品・サービスを作ることを「マーケットイン」と言って、これまでの時代は「プロダクトアウト」で、これからの時代は「マーケットイン」でなければ生き残れない、といったことが言われます。

こうした言葉のせいかどうかはわかりませんが、「商品やサービスを作るためには、顧客に聞かなければならない」と文字どおり、「何か困ったことはありませんか？」とか、「何かほしいものはありませんか？」と聞いて回ろうとする人がいます。

実際、営業でも、「何か、ご要望があれば教えてください」と言って、取引先に聞き回る人や、コンサルタントの方で、「社長、私は経営全般のコンサルティングをしていますから、何かお困りのことはありませんか？」とたずねる人もいます。

営業手法や考え方の違いなので、その人たちにとやかく言うつもりはありませんが、もし弊社にご相談に来られたとしたら、私はただちに、「そんな馬鹿なことはおやめなさい」とお伝えします。

わかりやすい例をあげるなら、たとえば「スマートフォン」です。「ｉＰｈｏｎｅ」が登場するまで、誰も「いつもインターネットができなくて不便」「持ち歩ける小型端末がないと不便」などとは言っていませんでした。

それどころか、その当時、「いつでもインターネットに接続できて、ゲームや動画、写真撮影もできて、まるでパソコンみたいにいろいろなソフトが使える、そんな電話があったら便利だと思いますか？」という質問をしたとします。

使ったことや体験したことがない人の大半は、「今使っている携帯電話で不自由していないから、そんな製品は要らない」とか「そんなすごい機能があっても、自分にはとても使いこなせないから要らない」といった反応を示すことでしょう。実際、圧倒的大多数の反応がそうだったのです。

勤め人時代に、私は会社内で最も早くｉＰｈｏｎｅを手にした1人だったのですが、周囲の人に薦めてみても、「携帯で、ネットなんて別にやらないから……」と、それはもうほとんど需要ゼロ？といった反応だったことを覚えています。行きつけの飲み屋やレストランで知人に薦めても、同じような反応でした。

怖いのはマスメディアです。新聞や雑誌のアンケートでも、長らく「従来型携帯電話で充分」という結果が、何度も何度も出ていました。

まともに見たこともなければ、使ったこともない道具に対して、「使わない理由」や「欲しくない理由」を問うアンケートに、いったい何の意味があるのか、と非常に違和感と不信感を持ってアンケート結果を見ていましたが、日本の携帯メーカーが決定的にスマートフォン市場で出遅れたのは、こうした馬鹿げたアンケートにも一因があるのではないかと思うほどです。

こうしたアンケートが本当に正しいとしたら、「スマートフォンの需要」というのはあり得なかったはずです。ところが現実には、まったく逆のことが起きていることは、みなさんご承知のとおりです。

「これ、どうですか？」が第一歩

私は、周囲の人には、「ｉＰｈｏｎｅだと、地図を事前にプリントアウトしなくても、今いる場所からどう行けばいいかすぐにわかるよ」といったことを、一緒にいるときに見せながら説明をしたり、店内でかかっている音楽をアプリに聴かせて、「今鳴っている曲はコレ」といって見せたりしました。で、「この道具、すごいでしょう？」と。

この結果、半年間くらいで、あっという間に社員のほぼ全員がスマートフォンに変えてしまったという経緯があります。ちなみに、行きつけの飲み屋やレストランの知人も軒並みｉＰｈｏｎｅに変えてしまったほどです。

純粋に、すごい道具だと思ったのでみんなに薦めたのですが、重要なことは、今やスマートフォンは携帯販売の過半数を越え、多くの人が「ネットにつながらないのは不便と言っている」という事実です。

同じようなことは昔からあります。そもそも、90年代に一般向けの携帯電話が発売された当時、私はやはり、先陣を切って携帯電話を手にしていたのですが、ある年配の方から、「これだけ公衆電話があるのに、まったく馬鹿げた買い物をしたね。そんなものは絶対に普及しないよ」と言われたことがあります。

絶対に普及すると思っていた私は、「リモコンを知っていれば、ほんの1、2歩先のテレビのチャンネルを替えるのにも、リモコンを使うでしょう。携帯電話の便利さを知れば絶対に広まりますよ」と反論したことを覚えています。

こうしたことは、携帯電話に限ったことではありません。パソコンの黎明期にも、「パソコン買って、何するの？」と言われたものだし、誰もテレビを知らなかった時代に、「絵が動いて音が出て……」と言っても、「さあ、そんなもの別に要らない」と言われたに違いありません。街頭でテレビというものを見て、「ほしい！」と強烈に思ったから飛ぶように売れたのです。

要するに、「何かありませんか？」と需要そのものを聞いても、知らないことは誰も答えられないということです。よほどの新しいもの好きでない限り、言葉で説明されてもよくわからないものには、興味も関心も湧いてこないのが人間なのです。そして、知らないことに対して、「なぜ、ほしくないのですか？」という質問をすることが、いかに愚問かということがおわかりいただけるでしょうか。

聞くときは、「これ、どうですか？」と試作品や新しい商品、サービスなど、ある一定の形にした上で聞かなければ、答えようがありません。このとき初めて、「これほしい！」とか、「ここが不便」とか「こうしてほしい」といった反応が出るのです。

そういう意味では、「マーケットイン」は、成熟市場で「改良型」の商品・サービスを作るのには有効な手段であったとしても、本質的な部分はプロダクトアウトでなければ、斬新な商品、サービスは生まれることはないということです。

日本から、なかなか世界初のものが生まれなくなって、家電メーカーが軒並み弱体化して、横並びで斬新な製品が出てこなくなってきているのは、単に中国・東南アジア諸国の台頭というより、こうした思考の影響も強くあると感じています。

消費者やユーザー、顧客、取引先が感じている、見えない空気のようなものをとらえて、それを具現化させて商品・サービス化させることで、初めて人は意見を言ってくれます。アップル社のスティーブ・ジョブス氏が、もし最初から一般ユーザーに、「何がほしい？」などと聞いていたら、この世にｉＰｈｏｎｅは登場していなかったことでしょう。

もちろん、コンサルティングにおいて、「世の中に初めてのサービスを作り出す」といった、大げさなことまでを要求しているわけではありません。

しかし、基本的な思考として、「人は誰でも、知らないことには不便を感じることはなく、欲求することも言葉にすることもできない」のであり、**「何かありませんか？」という受け身型ではなく、独自に考えた、「これ、どうですか？」という企画提案型にすることこそ、売れるコンサルティングを実現していく第一歩**なのです。

パックツアーが売れる理由

コンサルティングを、企画提案型にしていく必要があります、とお伝えしましたが、「企画提案型」って、どういうふうにすればいいのか？　という質問をよく受けます。このとき私は、わかりやすいように「旅行」でご説明するようにしています。

たとえば、旅行に行こうと思っても、何の情報も持っていなければ、「○○に行きたい」と具体的な旅行先を言うことはできません。どこか、具体的な場所に行きたいと思う理由は、友人から聞いたとかテレビや雑誌で見たとか、または旅行パンフレットなどを見て、「何らかの情報を得た」から、そこに行きたいと思っているのです。

実際、パンフレットなどを見ていて、しだいに「そこ」に行きたくなったということは、よくある話です。

要するに、**「こんなに素敵な旅先がありますよ。行きませんか？」という情報に触れたことで、需要が喚起される**ということです。

何も知らないところに需要はないし、旅行に行きたいと思っても、実際にどこに行くかを決めるためには、何らかの情報に触れなければ決められない、ということです。

この情報を、昔は旅行代理店や旅の窓口が、お客さんごとに個別に対応しながら、さながらコンシェルジュ的に提案し、ホテルやチケットの手配をして旅行を組んでいたのですが、「北海の珍味食べ放題と大自然満喫の旅、北海道7泊8日ツアー」といったパックツアーの登場によって、旅行は大きく変わりました。

旅行に行きたいと思った人は、パックツアーの内容を見て行先を気軽に選べるようになり、しかも、いちいち窓口で時間をかけて悩みながら相談をして手配をしてもらわなくても、簡単に旅行を申し込めるようになりました。

このパックツアーは、当然ながら売り手にも大きな利益をもたらしました。パックツアーが日本に登場して数十年になりますが、経済成長を加味しても、パックツアー登場時の日本人の海外旅行者数12万人が、今や１８００万人にと、１５０倍に拡大した事実は、その効果の大きさを物語っていると言えるでしょう。

要するに、パック化したことで、旅行は個別対応商品から、売りやすい「もの」になったのです。もの化されていなければ、インターネット時代にも「バスケットに入れて何名で申し込む」といった簡単な申し込み方法はとれません。パッケージングされているからこそ、簡単に注文でき、売りやすく、そして売れるようになったのです。

大事なことは、旅行に関する企画が先にあり、それをパッケージングして提案しているという点です。どこか行きたいところありますか？　ご希望に合わせて、対応しますよ……とやっているわけではない、ということです。これが、「企画提案型」ということです。

買いたくても買えないようになっていないか？

このパッケージングに関する発想は、コンサルティングにおいてもまったく同じです。現状、多くのコンサルタントは、業種や得意分野などで専門性を打ち出し、月額顧問料はいくら……と提示されてはいても、具体的なコンサルティングの内容や進め方に関しては個別対応という方がほとんどです。

もちろん、このやり方がまったくダメなどと言うつもりはありません。旅行でも、コンシェルジュ型できめ細かい対応がウリという旅行会社はいくつも存在しているからです。

ただし、これからコンサルタントをはじめる方から、「売りやすいのはどちらか」と聞かれれば、話は別です。パッケージ化のメリットは、「需要喚起」や「売りやすさの実現」にあります。旅行の場合と同じで、「パッケージングされているコンサルティングのほうが圧倒的に売りやすくなる」と断言します。

コンサルティングの場合も、パックツアーのように、「ここに旅行をしませんか？」といったわかりやすさ、企画を売るというやり方のほうが、具体的な提案による訴求ができるため、圧倒的に売りやすくなります。

逆に言うと、パッケージングしていなければ、「その他大勢の何でも屋」に埋もれてしまい、経営者の目にはなかなか止まらないということです。

こういう方向で一度動き出してしまうと、何とかライバルより目立たなくては、とますます深みにはまっていくのは、本書でご説明してきたとおりです。こうした方々は、Bのゾーンに属している場合が多いのですが、「自分のパーソナル性を必死でアピールする」という、勘違いの努力にいそしむことになるわけです。

わざわざ苦労したい、という特殊な方を除けば、前章でご説明したように、まず自分のキラーコンテンツを設定することをじっくりと行ない、次にそのコンテンツを買ってもらいやすいカタチにする、すなわちパッケージング化することこそ、コンサルティングで受注を増やしていくための最良の手なのです。

もっとハッキリと言ってしまうと、コンサルティング契約が取れないと言われる方、ご相談に来られる方の9割以上が、このパッケージングを行なっていないために、「何を、この人に頼めばいいのかがわからない」状態になっているということです。

自分では頼みやすくしているつもりでも、相手から見れば、何を頼めばいいのかがわからず、頼むべきものが見えない、という状態になっているのです。

つまり、買いたくても買えない状態に自分自身がしていた、という何とも不思議なことになっているのです。

パッケージングの5大メリット

自分のコンサルティングを企画化せよ

「何にでも対応できるように、間口をできるだけ広げて受注を狙う」ことこそ、正しいやり方だと信じてきた方にとっては、私がお伝えしていることは青天の霹靂以上の、狂った奴のわけのわからない妄言に聞こえるかもしれません。

しかし、手広くやる方法は、店が極端に少ない地域での商売法だったり、圧倒的に強い立場になっている強者の戦法としては成立しても、競争が非常に激しい環境や弱者の立場であれば、何の特徴もアピールできないため、生き残ることはきわめて難しくなってしまいます。

このことは、本書で述べてきたとおりです。

要するに、大昔の、コンサルタントという職業がまだ非常に珍しかった出はじめの頃や、大手の組織的なコンサルティング会社、または大御所になっているコンサルタントの方なら成立する方法ということです。そのカテゴリーの黎明期には成功しても、成熟してくるにしたがって強みが専門性に移っていくことは、百貨店だけでなく、他の商売を見ればすぐにおわかりいただけることと思います。

つまり、これからの時代のコンサルタントは、**「自らのコンサルティングを企画・パッケージングして売っていく」**ことこそ、飛躍のために必要な手法と言えるのです。これこそが、パッケージングをする真意でもあります。

世間で言われていることを鵜呑みにして、とにかくお客さんに言われた商品を仕入れて何でも用意しようとしても、小さな店では品揃えには限度があるため、結局何の魅力もない店になってしまうのと同じです。競争の激しい繁華街の小さな店であるほど、自ら能動的に企画を打ち出して打って出て行くことが繁盛の秘訣なのです。

面白いもので、パッケージングされていれば、後は確率論でコンサルティングは売れていくようになります。これも、嘘のような本当の話です。

もちろん、バンバン売れるようになるかどうかは、努力しだいですが、成果が出やすくなることは間違いありません。

なぜなら、自分のコンサルティングをパッケージングすることで、大きなメリットが得られるからです。そのメリットをまとめると、次のようなものが挙げられます。

1、もの化できるため、パンフレットやネットなどで売りやすくなる

ネットでカード決済も可能。パンフレット等で人に紹介してもらうことも。

2、パッケージ自体が「企画・提案」のため、説明自体が販売促進になる

くどくどとした自己アピールは不要。コンサル内容の説明が販売促進につながる。

3、コンサルティングを、相手に「見せられる」ことによる強烈な説得力

バインダー等によるカタチ化によって、具体的に説得力が増す。

4、コンサルティングに、論理的な説得力と品質が宿る

経験や勘によるコンサルティングではなく、品質を保った指導が可能。

5、多数のコンサルティングの同時進行が可能になる

4、5件で手いっぱいのコンサルタントが多いが、何十でも対応可能になる。

まずひとつ目の、モノ化による売りやすさというのは、パックツアーでご説明したとおりです。研修やセミナーでは「〇〇のやり方」として、どこでいくらで、どんな内容で実施するのかといったパンフレットを作っている人でも、コンサルティングになると急に、「月額〇〇万円」だけで、内容は不明という方が多いものです。

しかし、コンサルティングもしっかりとパッケージングし、もの化することでパンフレットでも案内できるようになります。パンフレットなら、知人に渡しておいて、紹介してもらうこともできるなど、非常に売りやすくなります。

２つ目は、たとえばコンサルティングを説明するパンフレットを作成したら、その説明自体が実は販売促進であり、アピールになっているということです。

これは、みんなと同じようなテーマで話をしている、自分を売らなくては同業から抜け出すことができないような方のアピール方法とは決定的な違いとなります。

３番目の「具体的に目に見えるカタチになる」メリットは、実は想像以上に大きなものです。後述しますが、問い合わせがあり、コンサルティング内容を説明しに行く際には、ぜひコンサルティングブックを持って行って、相手の社長や事業部長にお見せするようにと私は指導しています。説得力が格段に増すからです。

当社では、お越しになられた各個人ごとのキラーコンテンツづくりからコンサルティング内容の体系化を指導していますが、その作成途中でも、「初めての契約が取れました！」といったことが現実に起きています。

コンサルティングという非常に見え辛いものを、具体的に手にとって見えるカタチにすることで、何とも不思議な力が宿るのです。これは、実際に作成された方々が共通して体験されることです。

また、４番目のメリットとしての、論理性が宿ることと品質が保てるようになるというのは、自分のすることを人に説明してコンサルティングできるようにするには、自分自身が持つノウハウや手法について、高度に論理的に理解していなければ、とても不可能だからです。

いわば、体系化を通して、これまでの「何となく……」の雲が晴れて、自分でも納得しながら説明がしっかりできる「論理性」がつけ加わるということです。

また、一度このコンサルティングの体系化をしていると、コンサルティングがどこまで進んでいるのか、またうまくいっているのかそうでないのかといったことが、客観的にわかるようになります。コンサルティングにおける抜けや忘れを防ぐことができるようになるため、品質を維持、向上させていきやすくもなります。

たとえば、今回は5ステップ目とすれば、どこまで進んでいるのか、また今回何をやるのかがすぐにわかるようになります。

5番目の、多数のコンサルティング先を同時に進行させることができるのは、まさにこの4番目のメリットの副産物と言えます。

本書冒頭でご紹介した通販コンサルタントのSさんが、本が出てから引っ張りだこになって、ひと月に60ヶ所以上も指導先を訪問するようになったとお伝えしましたが、これは一重に、ノウハウ体系化の恩恵と言えます。一案件ごとのバラバラな対応であったなら、とてもではありませんが、日に2件、3件、月間60ものコンサルティングなど、できるものではありません。

弊社にご相談にお越しになられる方にお聞きすると、「個別対応のコンサルティングだと、せいぜい月に5件が精いっぱい」という方が大多数です。

実際、「もっと、たくさんのコンサルティングを受けて、こなせるようになりたい」ということで、弊社に相談に来られた方もいらっしゃいます。体系化・パッケージング化できていれば、60件はともかくとしても、15～20件くらいなら、品質を高めながらコンサルティング指導ができるようになるからです。このメリットは、実に大きいと言っていいでしょう。

体系化されていないノウハウは単なる思いつき

実際に、パッケージングを行なうにあたっては、メリットの4番目でご説明したとおり、自分のコンサルティング内容と進め方を「論理的に体系化」する必要があります。パッケージングと体系化とは、一対のものだからです。

具体的な作業としては、自分の頭の中にある「何となくこう……」という経験や勘の暗黙知の部分を、設定した独自のキラーコンテンツに基づいた上で、順序立ててコンサルティングのやり方として説明できる状態にしていきます。

また、カタチとしては、コンサルティング時に使う、専用のバインダーの作成を私はお薦めしていて、弊社ではこれを、**「コンサルティングブック」**と呼んでいます。

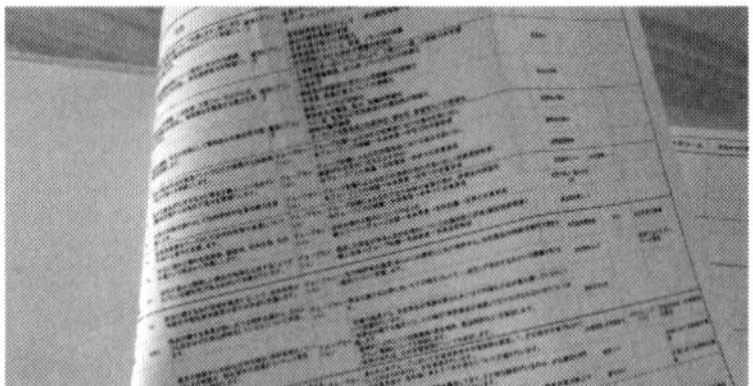

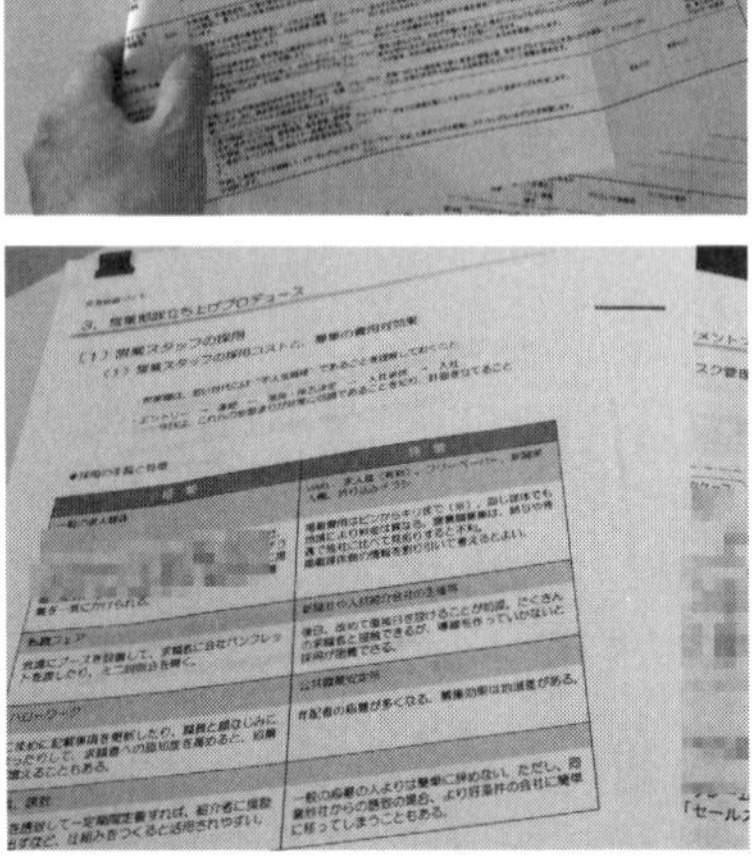

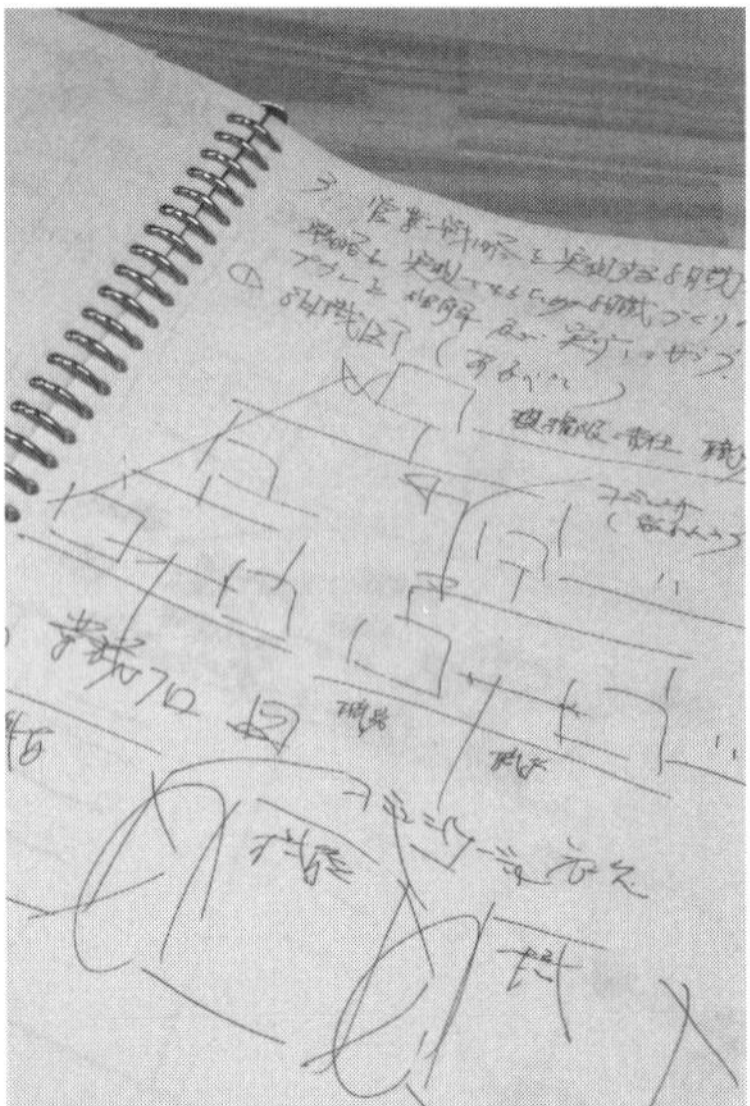

自分自身が行なうコンサルティング内容を分解・再構築しながら、「文章化、書類化、図化、フォーム化、工程化……」といった作業を経る必要がありますが、自分の行なうコンサルティングに論理性がしっかりと加わることとカタチ化されることで、先にご説明した5つの大きなメリットが得られるようになるのです。

ここでひとつご注意していただきたいことは、**適当にバインダーに資料を入れただけというような、カタチだけを真似るようなことはしないように、**ということです。

熟考もせず、体系化もされていないものをコンサルティングブックのようにしてしまうと、薄っぺらい似非コンサルタントのようになってしまうことと、経営者に見せたときにバレて、逆に信用を失ってしまう可能性があるからです。

コンサルティングを受けられる経営者の方は、経営の現場で何年も事業を展開されてきている方々です。そのような方にかかると、「いい加減な、思いつきの手法をやっているな」と、一発で見破られてしまうということを忘れないでください。

「体系化されていないノウハウは、単なる思いつき」とは、言い過ぎに聞こえるかもしれませんが、スポーツでも、トップアスリートになるためには理論が必須です。

コンサルタントとは、クライアント先の多くの人と関わりながら、ノウハウを提供して、仕組みを構築するお手伝いをする仕事ですから、指示したり実施する事柄などを、自らの言葉で論理的に説明する義務を伴うのは、ある意味当然のことです。できないとすれば、それはやはり一流とは言えません。

一流と呼ばれる人に共通することは、「自らの手法や技能、ノウハウなどにおいて、客観的かつ論理的に理解をしている」という点です。

自分で自分のやっていること、うまくいっていることをきちんと理解しているため、たとえスランプに陥ったとしても、一流の人ほど復活が速いのです。二流の人は、運と勘に頼ってしまっているため、ひとたびつまずくと、どこをどう直していいのかわからず、スランプが長引くのです。

論理的に説明できないことがコンサルティング中にあったとしたら、コンサルティングを受ける側からすると、「当たるかどうかの占い」のような感覚で信じるだけ……ということになりかねません。そもそも、あやふやにしか答えられないような部分に限って、「先生、どうしてそうなんですか?」と突っ込まれるものです。

また、適当に作成した資料などでは、自らのコンサルティングのどこをどう改善すればいいのかが、きわめて曖昧になってしまいます。体系化を行なうことで、こうした「思いつきコンサルティング」とは一線を画した、自分自身が確実に向上していけるコンサルティングができるようになるのです。

なお当然ながら、コンサルティング内容の「すべて」を体系化することは、現実的に不可能でしょう。高度な勘からはじき出される部分があることも事実です。大事なことは、「自らのノウハウについて深く考える」ということと、「ブラックボックスだらけにしない」ということを忘れないでください。

実際の構築作業については、多くの方が、2ヶ月から3ヶ月ほどかけて行なっています。ご興味のある方は、くわしくは、弊社のウェブサイト（http://drgc.jp）をご覧ください。

販売の相乗効果を作り出す

売る力は一貫性から生まれる

たかが、1冊のコンサルティングブックと思われるかもしれませんが、これがコンサルタントの方にとって、きわめて大きな力を発揮するようになります。きわめて大きな副次的メリットがあるからですが、それは、**「コンサルティングを売っていくにあたっての、大きな流れが作れるようになる」**という点です。

営業コンサルタントのFさんは、相談に来られた当初、ご本人のウェブサイトには多数の営業項目が並んでいたとご紹介しました。実は、こうしたことはよく見られることで、売れていないコンサルタントに共通することと言っても過言ではありません。

これは、「どれかは当たるでしょう……」という発想があるからで、本書ではひとつのコンサルティングテーマで打ち出していかなければダメですよ、とご説明してきましたが、これがなかなか難しいのです。実際セミナー等に初めて来られた方から、「ウェブサイトを作り直そうと思っても、どう絞っていいかわからない」といったご質問もよく受けます。

絞りたいと思っても絞れない。何やら禅問答のようですが、その理由は簡単です。キラーコンテンツを設定して、その内容をしっかりと体系化するということを行なっていないからです。

「このテーマなら売れそう！」「自分は、このあたりのテーマが得意」といった程度では、パンフレットを作成することはできても、首尾一貫したウェブサイトの構築など、とてもできないからです。

ひとつのコンサルティングのテーマで、しっかりとしたウェブサイトを構築することは、思いの外たいへんなことです。作成したことがある方ならおわかりになると思いますが、コンサルティングにおける主義主張、指導方針や考え、実施内容、開催するセミナーや雑誌への寄稿内容、書籍といったことに一貫性を持たせる必要があり、それ相応の準備と腹に据わった考えが必要です。

コンサルティングブックを作成した方であれば、自分の指導内容をじっくりと考え、体系化させているため、さまざまな角度からひとつのことを表現することができますが、そうしたことを行なっていない場合、当然ながら場当たり的なことしか表現できません。

このため、「何だかよくわからない」という印象が漂うウェブサイトになってしまうのです。

売れないコンサルタントのサイトが、まさにこの状態ということです。

コラムやブログなどを実施していれば、内容を自分のコンサルティングのテーマと一致させることは当たり前のことですが、これすらいい加減な人がいて、「今日のランチは○○を食べておいしかった」といった、自分のコンサルティングとは無関係のことをうれしそうに書いている人がたまにいます。

聞けば、「毎日3分程度しか時間はかかっていないし、書かないよりマシだから」との返事でしたが、はっきり言って逆効果です。「関係のない内容だったら、コンサルタントとしての名前で書かないほうがいいですよ」と忠告するようにしています。

ご本人は、「ブログやコラムは、毎日書くことが大事」といった短絡的な視点で考えているようですが、ネットは巨大なデータベースでもあるわけですから、自分が気晴らしで書いたことでも、名前を検索すれば出てきてしまいます。

自分が書いていることに一貫性があれば、経営者から見て、「この人はブレていないので信頼できる」と思われる確率が高まりますが、言うことがコロコロ変わったり、どうでもいいような、低レベルのことばかり書いているのを見られたら、どう思われるか、ということです。

毎日書くかどうかなど、どうでもいいことだし、本当に売れるようになりたいと考えるなら、ブログに無駄な文字を書くことより、まず立ち止まって自分自身のコンサルティングをしっかりと見つめ直すことが先決です。**自分が発信するあらゆるコンテンツは、「経営者か**

ら見られている」という視点を忘れないことが重要なのです。自己顕示欲丸出しでブログを書いている人もいますが、もう完全に論外です。

そもそも、こうしたバラバラなことが起きるのは結局、「自分自身、何のコンサルタントかわかっていない」という証拠です。

コンサルティングテーマが決まっていないのに、コンサルタントとしてウェブサイトを公開しているとしたら、それは単なるチラシや営業項目の表示に過ぎず、売れていく力にはまったくならないということなのです。

私は、どんな商売でも、売る力を高めるには一貫性が重要と考えています。とくに一匹狼のコンサルタントの場合、その重要度はますます高まります。コンサルタントの最大の弱点は、「販売力」だからです。

士業の方の場合、ある程度仕組みや制度があるため、安い仕事でかまわなければ仕事を回してもらったり、ということもありますが、フリーのコンサルタントにはそれすらないため、何が何でも自分の足で立って、踏ん張っていくことでしか、夢の扉は開かれることはありません。だからこそ、販売ということに対して、実務の力が必要なのです。

力を分散させることなく、ひとつのことに集中させるべきであり、さまざまな媒体で首尾一貫していることで、相乗効果は高まります。この最初の「核」とも言うべきキラーコンテンツの設定と体系化こそが、売る力の原点となるのです。

あなたに頼みたがっている人がいる

「自分は○○コンサルタントで、こういうコンサルティングができる」と定まれば、ウェブサイトを見ても主義主張はハッキリしているし、考え方も教えることも、すべてがひと筋の流れのようになり、一貫性による力の増幅が起きるようになります。

本を出しても、雑誌に執筆をしても、セミナーや講演をしても、コラムを書いても、すべてが相乗効果となってコンサルティングを売る力になっていき、実際に売れるようになっていきます。

営業コンサルタントのFさんのときには、まさにこのことを象徴するような出来事が起きています。守秘義務上、くわしくは申し上げることはできませんが、コンサルティングのテーマを、大きく「法人開拓コンサルティング」といったところに設定し、約2ヶ月間にわたって体系化をじっくりと行ないました。

自分自身と向き合いながら、キラーコンテンツを研ぎ澄ませ、コンサルティング内容を体系化させていく作業には難渋が伴いますが、Fさんは自分だけのコンサルティングブックを完成させました。コンサルティングブックが完成を迎えそうな頃、「自分のウェブサイトも、内容をこれに合わせて変更したほうがいいですよね？」との質問がありました。

面白いと言うと叱られそうですが、実は、こうしたことはFさんに限ったことではありません。「今まで、ウェブサイトを変えたいと思っていても、どう変えていいのかわからなかったが、コンサルティングブックをまとめたことで、どう表現すればいいかがハッキリとわかった！」というのが共通の言葉です。

正直、最初にFさんからご相談を受けたときウェブサイトを拝見したのですが、「うーん、これはヒドイ……」というのが感想だったのですが、すぐに「ウェブを直して」といくら言っても、どう直せばいいのか本人がわからなければ、よくすることなどできません。

ですから、私はコンサルティング指導中、一度もウェブサイトのことには触れませんでした。いずれ本人が気づくと思っていたからです。

まさに思惑どおりと言うとちょっと悪い感じがしますが、コンサルタントの方は、皆さん体を張って、自らの知力体力で活躍されている方ばかりです。意識もプライドも高い方が多く、彼らと向き合うときはある面で気遣いが必要だと考えています。

そういう意味では、本当に重要なことはきっちりとお伝えしながらも、ご本人に「自ら気づいてもらう」ことは、非常に大切なことと考えています。自分で気づいていただくことができれば、後はものすごい勢いで頑張って走り出すのが、これまたコンサルタントの方々の特徴だからです。

Ｆさんは、以前からご自分でウェブサイトを作成していたこともあって、「変えたほうがいいですよね？」という問いに、「ぜひ、コンサルティングに即した内容にしてください」と返事をするや否や、何と2日後には、まったくの別サイトと思うくらい、ガラッと全体的に変更させてしまいました。

内容はもちろん、「法人開拓コンサルティング」に一本化され、よけいな「商談術」とか「モチベーションアップ」、「営業代行」のような要素は一切なくなりました。

ご自身のプロフィールから会社概要、初めての方へのメッセージ、コンサルティングの進め方、方針、内容、さらには今後新たにスタートするブログの内容や開催予定のセミナーにいたるまで、見事な一貫性が宿ったサイトに生まれ変わりました。

プロが作ったわけではないので、お世辞にもきれいでかっこいいサイトではありませんが、重要なことは「何が書いてあるか」ということと「一貫性」です。一貫性があるウェブサイトを見ると、すっきりしているのは当然として、読んでいても理解がしやすく、何が書いてあるのかがすぐにわかります。

また、この人は何をしている人かも一目瞭然となり、コンサルティングの内容も伝わりやすくなります。

驚くべきことは、Ｆさんがウェブサイトを作り直したとたん、いきなり2件のコンサルティング契約が舞い込んできたことです。出版した後、1年間、講演で走り回っても、ただの1件も契約が取れていなかったのが、キラーコンテンツをまとめて、その内容に沿ってウェブサイトを構築し直したとたんにです。

あまりにもでき過ぎた話のようで、私自身も「本当に？」と耳を疑ったほどです。実は、クライアントになってくれた片方の経営者は、以前からＦさんと知り合いだったそうですが、**「何か、この人に頼みたいと思っていたけれど、何を頼んでいいのかわからなかった」**と言うのです。

サイトリニューアルのメールが届いて、ホームページを見に行ったところ、「法人開拓コンサルティング」のわかりやすい内容が出ていて、「あっ、これだ。ウチが困っていることだ。これを頼もう！」と思ったと言うのです。「何でもできますよ」とアピールしていたときには、何を頼んでいいのかわからなかったが、「コレ、いかがですか？」と提案されると人は思考し、動くという典型例です。

コンサルタントとして独立するということは、社会に出て少なくとも十数年はいろいろな経験をしてきているはずです。そうした人と人とのご縁の中で、あなたがまっとうな人生を送っていれば、あなたに頼みたいと思ってくれる人がいるものです。

しかし、経営者であれば当然、理に叶ったビジネスの話でなければ、発注することはできません。パッケージングには、それを動かす力があるということなのです。

ウェブ、セミナー、本で、売る力を増幅させる

“叫び”こそ最強の武器

弊社でコンサルティング指導をした方には、「販売は、自社サイトが第一基本」とお伝えして、まずじっくり作り込んでいただくようにしています。先の例ではありませんが、自社サイトは、コンサルティングをアピールする最も基本となるツールだからです。

実際、Fさんに限らず、ほとんどの方がサイトの改修に手をつけます。自分でウェブ制作ソフトを使ってやる方もいれば、外注で制作会社に頼む方もいます。どちらにも一長一短があって、「こっちの方法がよい」とは言い切れないので、都合によって選択されるといいと思いますが、外注する場合にはひとつ注意点があります。

それは、「コンサルタントの商売を、しっかりと理解している人に頼む」ということです。

Fさんのサイトは、ご自分で作られているため、決してきれいでも格好よくもないと申し上げました。しかし失礼ながら、素人が作ったサイトでも、「私のコンサルティングにはこのような特徴があって、主義主張はこうです！」といった、コンサルタントとしての叫びは、非常に伝わってくるサイトになっています。コンサルティングを体系化させた、他ならぬ本

人ががんばって作っているのだから、当然と言えば当然です。

もちろん、主義主張もしっかりしていて、魅力的な内容が提示されていて、それでいて見た目もきれいですっきりしたサイトであれば、それに越したことはありません。

しかし、どちらかを優先するとしたら、まずコンサルタントとしての主義主張、コンサルティングの内容といったコンテンツなのです。

私は常々、コンサルタントにとっての最強の武器は、「叫び」です、とお伝えしているのですが、主義主張こそが人を動かす原動力であり、具体的な製品やサービスを持たないコンサルタントにとっては、この「叫び」こそが、究極の経営資源であることは言うまでもないことです。自らの叫びを表現することは重要です。自分で作っている人のサイトのほうが、決してきれいではなくても、何か力を感じさせることが多いのはこのためです。

だからと言って、コンサルタントの方々に、ウェブ制作ソフトを覚えたほうがいいなどとは、決して言うつもりはありません。とくに、独立したてのコンサルタントの方ならなおさらです。外注費を浮かせるために、自分ではじめる人もいますが、慣れないウェブ制作ソフトを覚える労力と時間は非常に無駄です。あっという間に数ヶ月経ってしまうからです。

どうせ努力をするなら、サイトづくりはプロに頼んでおいて、自分はキラーコンテンツづくりに集中したり、挨拶回りをしたり、知り合いにコンサルティングの試験的導入ができないかを頼んだりと、自分にしかできないことに集中するべきです。

コンサルタントの商売を理解しているウェブ制作者であれば、自分が用意するのは文章と写真だけです。本人はここに、徹底的に集中することです。

きちんとした制作担当者であれば、文章の要求もしっかりしているため、外注でもしっかりとしたサイトができ上がります。なお、制作会社に頼むときにも、会社としてコンサルタントのサイト制作の実績があっても、実際の担当者がすべてなので、必ず確認するようにしてください。

コンサルタントの場合、ウェブショップを開業するわけではないため、複雑なプログラムやバスケットの機能、多数のページなどは通常必要ありません。

一方で、コラム的な発信は非常に重要になるため、ブログの機能、メール配信の機能などは、ぜひサイト内に設置するようにしてください。外部のブログサービスを利用するのも手ですが、サイト内完結のほうが、検索エンジン対策的にも、サイト内の回遊性的にも有利です。回遊性がよければ、セミナーの案内や本の案内にも効果が出やすくなります。

以前に比べて、サイト制作の費用もずいぶんと安くなったし、更新などは素人でもネットから簡単にできる仕組みが普及しています。サイト構築の基本部分だけをプロに頼んで、ブログやセミナーの案内といったコンテンツの更新は自分でするという方法が、現実的な選択肢としてお薦めしています。

いずれにしろ、自社のウェブサイトが、コンサルティングを売っていく第一の基本となります。ここをまずしっかりさせてから、次の「セミナー」「出版」に着手していくことがポイントです。これらが、相互に好循環をはじめるからです。

本にもセミナーにも一貫性が必須

私は、編集者を20年以上していたということから、出版についてもよくご質問を受けます。代表的な例をあげると、

「売れる本は、どうすれば書けますか？」

「どういうテーマが売れますか？」

「本を出せば、コンサルタントとして売れるようになりますか？」

といったものが多いでしょうか。

賢明な読者の方なら、もうお気づきのことと思いますが、コンサルタントの方々にとっては、これらの質問はほとんど意味がありません。本を出すことで名刺代わりになることは事実ですが、キラーコンテンツに合わない本は、むしろコンサルティング業の弊害になることは、Fさんの例でご説明してきたとおりです。

また、「このテーマなら売れる」と言っても、自分のコンサルティングテーマと無関係な本であれば、やはり契約に結びつかないので意味がありません。むしろ、中途半端に売れれば売れるほど、「この人は、売れそうとなると何でも書く人だな」と経営者から見られてしまい、コンサルタントとしての本業に影響が出てしまうため、逆効果になってしまいます。こういうことは、他人を見ればすぐにわかることです。

本書を手にされている方から見て、著者の私はどう見えるか、ということです。

「コンサルタントのコンサルタント」と言って本を出していながら、ウェブサイトを見てみれば、「ビジネスマナー」や「商談術」、さらには「株式投資」や「うつ病対策」、「旅行日記」、「健康食品の販売」など、いろいろとやっていて、検索してみれば、そうした本も出していたとなると、いったいどう思われるでしょうか。

もう、くどくど説明するまでもないことでしょう。本に限らず、当然ながらセミナーをするにしてもまったく同じです。要するに、**コンサルタントのあらゆる活動は、すべて自分のキラーコンテンツに即して行なう**ということです。

せっかく独自のキラーコンテンツをまとめ上げたなら、それを広めていくために、自らのコンサルティングテーマに即して、本やセミナーを上手に使わなければ、あまりにももったいない、ということです。よけいなことに手を出している暇もなければ、そんな馬鹿げたことをする理由もないのです。

本やセミナーは、コンサルティングを売るのに、とても相性がいい道具です。コンサルタントは、あるときは著述業であり、あるときは講演業ができる仕事です。２章で、「先生業の構図」についてご説明しましたが、Ｄゾーンのコンサルタントの方々は、本業はあくまでもコンサルティングですが、その集客や販売促進の有効な手法のひとつとして、出版やセミナーを活用するのです。

コンサルタントの最大の弱点は「販売力」だと申し上げましたが、自分のコンサルティング内容と連動した出版、セミナーを実施すれば、それ自体の成果が上がることも重要ですが、コンサルティングの有力な見込み客を発掘できるため、相乗効果により販売力をどんどん強くしていくことができます。

さらに、コラムやブログ、メルマガといったものも、一貫性をもって行なうことは言うまでもありません。本やセミナーの案内に触れた人は、気になれば高い確率でウェブサイトを見に来ます。そこで、さらに多くの情報に触れ、より強力な売る力となって、さながら自社のウェブサイトを中心としてグルグルと渦を巻くように、すべてが連動して相乗効果を上げていくようになります。

こうした、ひと筋の流れのような販売の流れを、意図して作り出していくことこそ、コンサルタントの販売力を強く大きくしていくことになるのです。
そして、キラーコンテンツを設定して、それを体系的にまとめ上げるということは、その流れの原点となるものを作り出すことに他ならないのです。

本章では、パッケージングの実務と、販売の連動についてご説明してきました。コンサルティングブックを作ることのメリットにも触れてきましたが、実は他にも大きなメリットがあります。それは「自信」です。

それは、苦労しながら、自分だけのコンサルティングブックを完成させた方々が、共通して口にされる、「自分には、こんなにすごいコンサルティングがあるんだ、と実感しました」という言葉に現われています。

今まで、独自のキラーコンテンツを持たず、場あたり的に何か当たりそうなものはないかと探し回っていたが、本当の武器は自分自身の中にあって、それを磨き上げることを忘れていた。本当の自分の持つ実力と潜在能力、可能性がわかって、自分に強い自信が持てるようになり、やる気が湧いてきた、ということなのです。

人によっては、この「自信」が持てるようになっただけでも、コンサルティングブックを作ったかいがあったと言われるほどですが、一匹狼のコンサルタントの方々は、サラリーマンと違って「職場の同僚や仲間」がいませんから、コンサルタントの仕事の中で、うまくいかないことがあったり落ち込むようなことがあっても、自ら鼓舞して立ち上がってこなければ、そこで頓挫してしまうことになります。

強い自信とやる気は、コンサルタント活動の原点であり、成功への最も重要なファクターですが、根拠のない単なる元気や思い込みではなく、しっかりとした自信を作り出す手がかりが、コンサルティングブックなのです。

次章では、コンサルティングブックをまとめ上げ、実際に羽ばたいていっているコンサルタントの方々をご紹介しましょう。

6章

一流コンサルタントになって大きく飛躍する

コンサルタントの飛躍がはじまる

受注できなければ絵に描いた餅

本書では、コンサルタントとして成功していくための考え方や手順について、そして最も重要なキラーコンテンツの作り方、まとめ方についてご説明してきましたが、最後に重要なことが残っています。それは、実際に受注できなければ「絵に描いた餅」になってしまうということです。

受注獲得とは、すなわち「売上げを作る」ことであり、営業活動です。今さら言うまでもなく、すべての商売において最重要の実務です。いかなる商売も、売上げがなければどんなにキレイ事を並べても、やっていくことはできません。

商売人なら、こうしたことは言われるまでもなく当然のことなのですが、なぜか士業やコンサルタントを目指す方々においては、このあたりの感覚がかなり弱い方が多いのは非常に心配なことです。

心のどこかに、「資格」や「先生」といったことに対して、驕りや勝手な安心感があって、「先生だから、営業しなくてもいい」といった言い訳にしている人がいます。「営業をしたくないから資格を取った」と、面と向かって言ってきた人もいますが、残念ながら世の中、それほど甘くはありません。

もちろん、営業しなくても充分な受注ができているのであれば、わざわざ無理する必要などありませんが、大先生になっている方の現在の状態だけを見て、「営業しなくても、クライアントが次々に来て、楽そうな商売だな～」などと思ったら大間違いです。こうした甘い考え方は、根本から改めるべきです。

問題は、士業やコンサルタントのような商売の場合、自分から積極的に「私を買ってくれ！」といった営業がし辛いということです。

売れないからといって必死になって売り込んでくるコンサルタントは、むしろ怪しい感じが増幅して避けられてしまい、ますます売れなくなってしまいます。このあたりは本書でもご説明してきたとおりです。ただし、決して「売り込まない＝営業しない」という意味ではないということです。

売れなくて困っている人とは、要するに「営業しない、営業がうまくいかない＝売上げが作れない」といった状態です。

向こうから来てくれるようにするためには、どのような努力が必要か、また水面下でどういった工夫が必要か、この最も重要な実務について、強力な武器となる「キラーコンテンツ」

の設定と作り方、そしてそれを売っていく具体的な方法について、本書ではご説明してきたわけです。

これらは、最終的にはご本人の持つノウハウを、いかに受注につなげて活躍の場を得ていくか、ということに他なりません。

いかに優れたノウハウも、活用される機会や場面がなければないものと同じなのです。その機会やきっかけを作り出すのは、他ならぬ「自分の努力」からはじまるということを肝に銘じておいてください。そしてその努力は、必ずやあなたの未来を切り拓いていく原動力になります。

弊社にご相談に来られた方々、なかでもコンサルタントになりたての方は、最初は売っていく方法や活躍していく方法がわからず、1人で悩まれていた方が大半です。ある意味、誰もがとおる道と言えるかもしれません。

キラーコンテンツを組み上げて、どう受注につなげていって活躍をはじめていっているか、この章ではそうした事例をいくつかご紹介します。最終的な受注獲得の場面だけに、ご参考にしていただける点が多いのと、読者のみなさんに勇気を与えてくれる事例だと考えるからです。

大手と個人では、成功方法はまったく違う

大手コンサルティング会社で修行後、単身コンサルタントとして活動を開始したKさんは、勤め人時代に優秀な成績を上げていたということもあって、独立に際して、とくに不安もなくはじめたと言います。しかし、しばらくして、「自分は、大手会社の仕組みに乗っかっていただけ」ということに気づかされたというのです。

その会社は、銀行系列ということもあって、企業回りをしている銀行のスタッフを通じて紹介案件が自動的に集まってくるようになっていて、各コンサルタントが個別にクライアント開拓をすることは原則ゼロでした。案件の企業にうかがって、「どういったコンサルティングが必要か」といったヒアリングを行ない、会社に持ち帰ってから提案書を作るのが営業だったと言います。

興味深いのは、企業ごとに個別対応のプランを提案することで、それでほぼ契約が決まっていたため、「事前にコンサルティング内容を提案してはならない」というのが、内部の不文律になっていたというのです。

この営業スタイルは、まさに大手企業、大御所のコンサルタントにだけ許される方法です。言ってしまえば、放っておいてもクライアントがやって来る状態だからこそできる手法であり、行けば何でも対応してくれる……という百貨店型の強い状態のときに威力を発揮するや

り方です。

そんな強者の戦法を、大手の看板が外れた一個人のコンサルタントが同じことをすれば、どうなるか。火を見るよりも明らかですが、「クライアントを獲得することがまったくできない」ということが起こったのです。

Kさんの場合、幸いにもサラリーマン時代にコンサルティング担当していたいくつかのクライアントについて、勤めていた会社の好意によって「のれん分け」的に、契約をつけ替えてもらっていたため、独立したてでも顧問先が数社あり、これによりすぐに食い扶持がなくなるという心配はありませんでした。

しかし、これからは自分で顧客を開拓していかなければなりません。営業マンから独立したという人からすれば、「自分から営業しなければ、受注なんてあるわけがない」というのは当たり前の話でしょう。

しかし、組織の中で「回ってくる案件に対応するのが営業」と教え込まれて、それをずっとやってきていれば、自ら営業するという発想が浮かばなくなってしまう人も少なからずいます。

Kさんの場合も、まさにその状態で、「独立＝営業」というのは、本人にとっては青天の霹靂だったのです。

そんな折、わずかに持っていたクライアント先のうち、1社との契約が終了してしまいました。不安が増していっている中、さらに畳みかけるようなにショックな出来事が起きます。知人の社長から紹介された案件で、2回連続コンサルティング契約が決まらなかったのです。この現実に、Kさんは決断を迫られたと言います。

というのも、その知人の社長とは非常に親しい間柄で、自分のこともよく理解してくれていて、先方の企業の状況も考えた上での引き合わせなので、紹介案件について、過去これまで1件も逃したことがなく、100パーセント契約に結びつけてきたという経緯があったからです。

失敗の1回目のときは、「まあ、こんなこともある……」と、自分自身に言い聞かせてみたものの、2回目も……という連続の失敗に対して、「自分のやり方に大きな問題がある」と認めざるを得なくなったというのです。そして、「大手のやり方は通用しない。個人コンサルタントでやっていくには、これまでのやり方を捨てる」と決意したのです。

Kさんに限らず、大手で仕事をしてきた方が、営業でつまづく大きな原因のひとつに、「全方位型の待ちのスタイル」をとってしまうことが挙げられます。

顧客に提案するにも紹介を依頼するにも、「このコンサルティングを実施しませんか?」といった企画提案型でなければ、一匹狼のコンサルタントに、そもそも見込み客が近づいてくることすらありません。このことに、Kさんは気づいたのです。

丸腰で商談に出かけてはいないか

「大手と個人では、やり方も成功方法も違う」……。自分も自分にしかできない「キラーコンテンツ」を手にして、それを売っていくようにしなければ……。悩みながらも、まっとうな考え方でもがいている人には、必ずチャンスが訪れるものです。

Kさんは、独自のコンサルティングをまとめ上げていく中、三度目の正直ではありませんが、紹介の打診が入ったのです。ただし、勤め人時代には一度も落としたことがない紹介案件を、個人事業になってから○勝二敗ですから、これまでのやり方は一切捨て、個人コンサルタントとして受注しやすい手法を取ってもらいました。

私は、コンサルティングの案件があったときには、「コンサルティングブック」を持参して、先方に見せしながら説明するよう指導しています。

本書で、これまでにお伝えしてきたとおり、コンサルタントがどういった仕事をするかは、相手には全然見えないものです。これを見えるようにする道具があれば、受注の際にきわめて大きな力になるからです。その道具が、コンサルティングブックなのです。

その効果をわかりやすく言うと、小説と映画の違いと言えばご理解いただきやすいでしょう。同じ内容でも、小説と映画では短時間での伝わり方に大きな差が出ます。「百聞は一見にしかず」という言葉のとおり、視覚的効果というのは想像以上に大きく、相手にイメージを瞬時に伝えることができます。

Ｋさんは、見込み客である経営者の前で、コンサルティングブックをお見せしながら、きっちりとコンサルティングの内容を説明することで、その特徴やポイントを伝え、たとえ個人であっても、大きな魅力や信頼感を与えることができたのです。

なぜ、このようなことが言えるのかというと、「相手の経営者の食いつき方が、これまでの説明のときと全然違った」と言うのです。

実は、これはＫさんだけに限ったことではありません。弊社でコンサルティングブックを作り、実際にアドバイスどおりに商談に臨まれた方は、みなその反応や効果の大きさを口にされています。

それだけ視覚効果が効いているのですが、もう一点重要なポイントがあります。それは、**パッケージ化された提案商品には、「買うか、買わないか」を迫る力が宿るということです。これが、受注への力を大きく引き上げる**のです。

果たせるかな、Ｋさんは独立してから1年半を経て、初めて受注することに成功しました。Ｋさんも「思わず震えた……」と言います。

ひとつの成功によって、人は大きく変わることがあります。それは、「こうすればうまくいく」という方法を手に入れたときです。

売れなくて困っているコンサルタントの人に共通する点をあげると、キラーコンテンツを持っていない、Dゾーンのテーマになっていない……ということの他に、**ほとんど丸腰で商談に臨んでいる**ということも挙げられます。

コンサルティングの説明や商談の際、営業ツールとしてどんなものを持っていっているかを聞いてみると、講演やセミナーで使った資料、その他雑誌の記事といった程度の方が非常に多いのです。そもそも、コンサルティングの内容案内や申込書を用意していない人が多く、これらは至急用意すべき営業ツールと言えるでしょう。

売れているコンサルタントならともかく、実績もほとんどないコンサルタントが、しっかりとした営業ツールも持たずに大きな契約を取ろうとしているのですから、受注が難しいのも当然と言えます。

冷静に考えれば、自動車をはじめとしたハイクラスの家電、住宅、コンピュータ、高級レストラン、ツアーなど、値が張る商品にはしっかりとしたカタログやパンフレットがあるのが当たり前です。この常識に照らせば、これまで、コンサルティングに、説明道具が揃えられてこなかったことが異常だったとも言えます。

自分のコンサルティングについての説明道具や実績資料、パンフレット、その他、わかりやすい契約内容といったものが、少なくとも「一般的な商品レベル」で用意できているか、改めて確認する必要があります。

コンサルティングにおける商談の場を、〝戦場〟と表現するのは語弊があるかもしれませんが、現実問題、ここで契約を獲得できるかどうかは、コンサルタントにとっては死活問題なのです。

そのような意味では、まさに商談とは戦場なのです。ここで、もし何も武器を持たずに、丸腰状態で戦場に行ったらどうなるか、ということです。

セミナーの資料や雑誌の記事程度では、これは丸腰と言わざるを得ません。なぜなら、セミナーで使っている資料とは、それは単なる「セミナー資料」であり、コンサルティングの現場を伝える資料でもなければ、匂いも感じられない資料だからです。

効果をあげる道具とは、相手の経営者に、実際のコンサルティング内容をイメージしてもらえる資料やパンフレット、そしてその内容の信頼感を引き上げるコンサルティングブックなどです。これらをしっかり用意しておくことで、はじめて勝率を上げていくことができるのです。

売れるカタチにしてバックエンドにつなげる

そういう意味では、今セミナーや講演の仕事があるなら、これをどうバックエンドであるコンサルティングとして受注していくか、というのも重要なことです。

「ゴトウさん、私には時間がないんです。講演の話が来ている今のうちに、何とかコンサルタントへの道を開きたいんです」――そう言ってご相談に来られたのは、本を出版された後、講演で忙しさを増していたNさんでした。

講演でお声がかかるのは商売繁盛でうれしいことではあっても、数万円×200回などでは、実入りの割には忙しくて、家族との時間をゆっくり持つことなどできない、というご相談でした。

本書でご説明してきたとおり、講演やセミナーではなく、コンサルティングであれば時間的にも余裕が持てるし、実入りも増やしていけるはずだから、これを何とか実現したいということでした。

一般的には、セミナーや講演からコンサルティングにつなげていくことを、「バックエンド」といった表現をしますが、研修講師やセミナー講師をしている人の場合、このバックエンドにつなげる感覚がわからず、もがき続ける……ということがあります。本書でご紹介したFさんなどが、その典型例です。

セミナーの際に、コンサルティングの紹介をしてそれで受注できるなら、こんな気楽な商売はないかもしれませんが、下手をすると100回セミナーで話をしても、1件も取れない悲劇があることは、お伝えしてきたとおりです。

では、バックエンドにつなげていくにはどうすればいいのか……。本書でご説明してきたとおり、「Dのゾーン」というのは大前提であるとして、わかりやすくポイントをあげるなら、**「パッケージングしたコンサルティング商品を、機会あるごとに提案、紹介していく流れを作る」**ということです。

講演で話をしても、それで終わってしまったのでは、バックエンドにつながるわけがありません。チラシも用意していなければホームページの案内もなければ、どんなにコンサルティング契約が取りたくても、取れるわけがないのです。こうした、嘘みたいな「取りこぼし」をしてしまっている例が、実際驚くほど多いのです。ご相談に来られたNさんも、そうした1人だったのです。

幸いNさんの場合、Dのゾーンで出版がされていたことと、依頼される講演テーマもそれに準じた内容ということもあって、コンサルタントを目指しているにもかかわらず、誤ったゾーンでテーマ設定している人や、これからコンサルタントをはじめるといった、ゼロから作っていく人に比べると、非常に有利な状況にありました。

ただし、いくらテーマ設定がDのゾーンであったとしても、セミナーや講演しかしていないのであれば、コンサルティングに結びつくことはありません。コンサルティングを受注するには、「コンサルティングメニュー」を作る必要があります。

あまりにも当たり前に聞こえるかもしれませんが、コンサルティングメニューを作っていないコンサルタントは非常に多く、むしろ一般的には多数派かもしれません。しかし、ご説明してきたとおり、単に「月々○○万円」を決めているだけでは、コンサルティングメニューにはなりません。それは、値段表示をしているにすぎません。

独自のしっかりとしたコンサルティングメニューを構成するには、どうしても数ヶ月の時間がかかります。ここであせったり手を抜いて適当なメニューを作ったりすれば、成果の上がらないコンサルティングになったり、他の人にすぐマネされるようなレベルの低いものになってしまいます。

一方で、講演やセミナーに来られている方は有望な見込み客であり、この熱いチャンスにアプローチしなければ、どんどん成約率が減っていくことは明白です。この相反することに対してどうするか。現実対応の手段として、少しでも見込み客をつなぎ止めるために、簡易ながら、コンサルティング内容を記したパンフレットを急いで用意することにしました。コンサルティング希望者を作りながら待っていただくという、まずは時間稼ぎを行なうことを指示したのです。

これは、すぐにでもコンサルティングをはじめたいのはやまやまでも、しっかりとしたコンサルティングを実施できるようになるには、コンサルティング指導の技術的なことも含めて、メニューの完成度を高める必要があり、そのためには、どうしても時間を稼ぐ必要があったからです。

セミナーや講演がどれだけ上手にできて得意だとしても、コンサルティングはまた別モノであり、相手の状況に応じて個別の指導・育成・対応ができなければ、コンサルティングにならないからです。

講演会やセミナーなどで、コンサルティング案内のパンフレットを配り、その中から希望者がポツポツと現われるようになりはじめ、時間との戦いの中で、先方のお客様には「今立て込んでいて」と、2ヶ月後のご予約をいただくようにしていったのです。

これと並行して、ネットでもコンサルティングの案内を掲載しました。こうした積み重ねによって、コンサルティングを本格開始した際には、待っている人が何人もいる状況とともに、しっかりとした内容により、バックエンドであるコンサルティングを次々に獲得していけるようになったのです。

バックエンドが取れない、という人がよくご相談に来られますが、そもそもの問題として、

「コンサルティングメニューを構築していない」ことや、「コンサルティング内容の案内パンフレットを用意していない」という人が大半です。商品を決めてもいなければ、パンフレットもなしに高額商品を売ろうというのですから、ある意味、売れなくて当然とも言えるわけです。

セミナーや講演をされている方は、この点に注意が必要です。話すことが得意になってくればくるほど、バックエンドの商品さえも「話術」で売れるのではないかと錯覚し、また実際に売ろうとしてしまいがちです。

しかし、セミナーとコンサルティングでは、価格帯も違えば重みも違うため、よほどの人気講師や実績のあるコンサルタントならともかく、常識的にはほとんど不可能と考えるべきです。高額商品を扱うがごとく、売るためのカタチを作って、パンフレットなどのツールも用いて、一歩一歩ステップを踏んできてもらえるようにしなければ、売れるものも売れなくなってしまうのです。

ちなみにNさんは、コンサルタント業務を開始して、わずか3ヶ月ほどで、100万円を超えるような高額コンサルティング（1ヶ月間集中型）にもかかわらず、あっという間に2桁の受注を実現させて、念願の家族との時間を楽しみつつ、講演家からコンサルタントへの転身を成功させています。

Nさんはコンサルティングをはじめるまでに、セミナーや講演で話をしていたこと以外、何か特殊な訓練や勉強をしたかと言うと、ほとんど何もしていません。コンサルタントとしての心構えや指導方法についてはお伝えしましたが、コンサルティングの内容については、すべて本人がこれまでに会得していたノウハウや体験的に持っていたものを、時間をかけてメニューとして構築したものです。

つまり、基本的にはすべて本人が持っていたにもかかわらず、自分の売り方ひとつで、講演講師からコンサルタントへと転身することが実際にできる、ということです。その重要なポイントは、「**コンサルティングを商品化し、案内できるようにした**」ことです。

Nさんは、「もう講演やセミナーを増やす気はありません。実際に経営者を直接指導できるコンサルティングこそ、私のライフワークです」と話されます。

バックエンドにつなげることができるかどうか。コンサルタントとして活躍をはじめられるかどうかは、道具を用意することとその使い方がきわめて重要なのです。

業界トップ企業の社長から直接電話が……

最後に、本書冒頭から登場している、営業コンサルタントのFさんですが、彼はその後どうなっているのか、また受注はどうやって進めていっているのかをご紹介したいと思います。

正直、まだまだこんなところで満足できるレベルではありませんが、以前とは大きく変わって、確実に芽が出てきています。

Fさんは、自社サイトのリニューアルオープン後、コンサルティング内容に即したセミナーを企画し、ネットで案内したり、チラシを作って案内するなど、小さいながらも自主開催をはじめてもらいました。

もちろん、最初はひどいもので、ほとんど反応ゼロで申込みゼロ、というときもありました。実は、こうしたことはFさんだけのことではなく、コンサルタントがセミナーを開催しようとすると、「反応ゼロ」という手痛い洗礼を受けることがよくあります。

その理由は、ネットで集客するにしても、チラシで集客するにしても、「そもそも、見込み客に的確にアプローチできていない」ことや、セミナー内容の表現がおおざっぱすぎたり、表現にインパクトがないことや、ウェブページやチラシの出来栄えが悪い、といった原因が挙げられます。

これらを一つひとつ、粘り強く問題を潰していくことが重要で、文面やレイアウトをよく吟味して再チャレンジしていくことが大切です。このFさんの場合、こうしたトライアンドエラーを何回も繰り返しているうちに、ポツポツと参加申し込みの反応が出てくるようになりました。

文字にすれば、わずか数行足らずのことです。しかし、この間8ヶ月間以上、試行錯誤を繰り返し、出費も馬鹿にならないほど積み重ねた結果です。ネット広告代やチラシ郵送代は借金をして作ったお金で、Fさんは、奥さんに対して、「苦労をかけてすまない。だが、ここが俺の勝負どころだ。ここで逃げるわけにはいかないんだ。やらせてくれ！」と頭を下げて案内を出し続けたのです。

「腹を据えて事を行なわなければ、本物の成功は手に入らない」と言いますが、Fさんはまさにこれを地で行く行動で、チャレンジを続けたのです。

私はときどき、「幸運の女神というのは、やっぱり見てくれているのかな？」と思うことがあるのですが、これは決まって、腹を据えて真剣に努力を続けている人たちにやってきています。

あるとき、Fさんに1本の電話が入りました。「今度、開催予定のセミナーだけど、今何人くらいの申し込みがあるの？」というものでした。

Fさんは電話で答えながら、「ぜひ、お越しください」とお誘いし、お申し込みをいただくことに成功しました。そして、会社名とお名前を聞いたとき、心臓が止まりそうになったというのです。電話をかけてきた方は、飲食店関係のある商品において、業界では知らない人はいないと言われる、トップシェアを誇る有名な会社のオーナー社長だったからです。

Fさんは、サラリーマン時代に、飲食店向けのコンピュータ系の会社で働いていたことがあり、「あの会社は、S社長が一代であそこまで伸ばしたすごい会社なんだよ」とよく耳にしていたことがあり、その憧れの社長が直接電話してきてくれて、しかも自分のセミナーに参加してくれるというのです。

ちょっと想像してみるだけでも、心臓が高鳴ってきそうですが、あまり慣れていない人にとっては、プレッシャー以外の何物でもないかもしれません。実際のところ、Fさんがどのような心境でセミナー当日、話をしていたかは想像にかたくありません。5時間のセミナーのうち、3時間半まではかなりぎこちなかったことを考えると、やはり相当緊張していたということでしょう。

セミナーに参加されているS社長をチラッと見た私は、「あ、これはすごい社長が来られている……」とじっくり観察を開始したのですが、受講中、椅子にドカッと座りながら、天井を仰ぎ見たり、首をぐるぐる回したり、どこか変なところを見たり、と独特の動きをされていました。

実はこのとき私は、その方が、そんなに有名な社長とは知らなかったのですが、受講風景を見ていて、「あ、この人、決まるかも……」と直感的に感じ、休憩時間に入ったFさんに、「あの社長、話にすごく興味をもっているから、自信を持って話をして、そして……」と、いくつか手短にアドバイスをしました。

Fさんは、このとき驚いた様子で、「え？　S社長、私の話なんて全然聞いてないですよ、天井とか壁とかばっかり見ていて。それにものすごく怖い顔して、まるで睨んでいる感じだし」と不審がっていましたが、説明をしている時間はありません。

「とにかく、自信を持って気合で！」と送り出してラストスパートに。残りは1時間半の勝負です。

セミナーや講演をされたことがある方だとおわかりいただけると思いますが、3時間以上も話をしていると疲れも出てくるのですが、だんだん気分もハイになってきて、声の調子もよく、妙にいい感じになるということがあります。Fさんも、このときまさにそのような状態になっていて、どんどん引き込まれるセミナーとなり、尻上がりに調子が上がって終了となったのです。

結果はどうなったか……。

翌朝、「ちょっと相談があります。お越しいただけませんか、F先生」という電話がかかってきたというのです。

Fさんは、自分の耳を疑ったと言います。相談に来てほしいと言われたこともさることながら、あの業界トップ企業の社長から、「先生」と言われたことに……。

コンサルタントの方々にとっては、指導実績というのは勲章のようなもので、何よりも自分の自信につながり、好循環が回りはじめます。

Fさんの場合も、これからまだまだ予断は許しませんが、いくら講演をしても1件も依頼がない……という状態とはまったく違う動きがはじまっています。

Fさんは今、中部地方の、あるバイオ系の超優良企業の社長からも声がかかるなど、大小併せて7つのクライアント先を忙しく飛び回っています。

弊社にお越しになられる方は、ご経歴もマチマチならご年齢もマチマチですが、ひとつ大きな共通点があります。それは、みなさん本物志向という点です。高級スーツを着て、見せかけをよくすることや、何か人が踊りやすいキャッチフレーズを使って集客したい、といったことではなく、本物への渇望でお越しになっています。

これは、「自分にしかできない本物のコンサルティングをしたい」という、さまざまなご経験を重ねられた上での判断かもしれません。自分の残りの人生を賭けるに値する方法、本物の方法に打ち込みたいという思いなのかもしれません。

私はいつも、コンサルタントの方々を送り出す際、「契約はスタート。ゴールは生活者の喜びですよ」とお伝えするようにしています。

コンサルティング契約が取れる、ということは、本人にとってはとてもうれしいことに違いありませんが、それはやっとスタートラインに立っただけのことです。

そこからコンサルティングによって先方の、経営者や企業をどれだけ変えることができるか……。それこそが、独自のコンサルティングの力の見せ所であり、コンサルタントに課せられた使命なのです。

そして、その先につながっている顧客や取引先、ユーザーや消費者、そして生活者へと伝播することこそ、本当に実務で役に立ったと言える瞬間なのです。

コンサルタントとは、常に成果を求められる仕事です。一方で道徳的観念がしっかりしていなければ、「儲かればいい」と、害悪をまき散らす根源になりかねません。そういう意味では、二宮尊徳翁の、「道徳なき経済は罪悪であり、経済なき道徳は寝言である」ではありませんが、

「道徳なきコンサルティングは罪悪であり、成果なきコンサルティングは寝言である」

なのです。

私自身も、この言葉と真摯に向き合いながら努力を続けていきたいと考えています。そして、ある日の未来、レストランで食事中に、隣のお客さんの、「最近ここの料理、すごくおいしくなったし、感じもよくなったよ……」という会話を聞きながら、「ああ、コンサルタ

ントの○○さんの仕事のお陰だな」とほほ笑むことができれば、自分の仕事が社会に実務として役立っていると実感できると思っています。

今、社会を変えていく新たな視点、知識、ノウハウ、さまざまな手法が渇望されています。それらは、社会の第一線で働いている方々に潜在的に蓄積され、熟成されてきている可能性が高いのです。

コンサルタントとして、もっともっと活躍を望まれる方はもちろん、本書を手にされた方の、すばらしいコンサルタント人生の幕開けを念じてやみません。

あとがきに代えて

私は、この仕事をはじめるときに、研修やセミナー講師、ビジネスタレントなどを対象にしたものではなく、「コンサルタント」専門のアドバイス業にしようと決めて活動を開始しました。

これは、本文中でもお伝えしたとおり、世の中を本当に変えていくことができるのは企業であり、その大多数を占める中小企業こそが世の中を元気にしていく原動力である、と私は強く信じているからです。

そして、企業を実務として助ける仕事こそ、自分がやるべき仕事であり、それは研修やセミナー、講演といった類のものではなく、コンサルティングでなければ本当の意味では実現しない。ならば、経営指導できる専門コンサルタントを育成、アドバイスする仕事こそ、自分がやるべきことである、と考えたのです。

こうした思想の原点は、私の恩師である、前職の日本経営合理化協会の牟田學《むたがく》理事長に、仕事を通じて物事の考え方、繁栄への打ち手、人生哲学といったことを、ときには優しく、ときには烈火のごとき激しさで、まさに親父のように親身になって深く教えていただいたことに尽きると思っています。

牟田理事長は、現在も複数の事業経営を行なっている中で、社長専門の経営コンサルタントとして多くの経営指導をされている、知行合一の人です。机上の空論では事業を伸ばすことなどとうてい不可能と断じ、徹底的に実務にこだわった骨太な経営指導が、そのコンサルティングの特徴です。

恩師の教えを守り、私自身も、徹底して実務にこだわっていこうと考えています。

今日本は、国内では高齢化が進み、対外的には諸外国との猛烈な競争にさらされ、非常に経営のかじ取りが難しい局面になってきています。人々の働き方も、また消費も大きく変わり、新しい問題も次々に起きてきています。こうした状況にあって、企業を率いる経営者を実務で助けることができる、本物の専門コンサルタントの登場は、まさに時代の要請とも言えるものです。

本書は、長年企業の現場で活躍されてきた方々が、その貴重なノウハウを無駄にすることなく、企業に再投資して、日本に新たな活力をもたらしていただきたいという思いも込めて、書き下ろしたものです。定年後はリタイアでは、あまりにももったいないし、知恵やノウハウというものが、事業経営に真に必要とされる時代が到来してきていると思っています。

コンサルタントが成功していくために必要なことを、重要な点に絞って書きました。まだまだ書き足りない部分があることをお詫びするとともに、企業経営者を助けるコンサルタントとして本気で活躍したいと願う方々にとって、本書がわずかでも、一助になることを念じてやみません。

末筆ながら、牟田學理事長はじめ、企画と出版の実務を徹底的に仕込んでいただいた元編集長の本間登美雄氏、また前職時代に大変お世話になった熊谷聖一氏、岡田万里氏、また本書出版の機会を作っていただいた古市達彦氏、そして私が本職をはじめる決定打となった藤冨雅則氏に、心より感謝申し上げます。ありがとうございます。

平成25年　6月吉日

株式会社ドラゴンコンサルティング　代表取締役　五藤　万晶

著者略歴

五藤 万晶（ごとう かずあき）

コンサルタント専門のコンサルタント。株式会社ドラゴンコンサルティング 代表取締役
これまで、数百人以上のコンサルタント、講師、士業、実務家…各人の強みと特長を最大限に引き出し、ヒットさせてきた第一級のプロデューサー。「人のコンテンツを絞り出す天才」と称され、鋭い洞察力と実績から各方面から依頼が絶えない。氏が関わったコンサルタントからは、「稼ぐ、本当のコンサルティングができるようになった」、「ライバルと価格競争しなくてすむようになった」、「自分自身の本当のウリがわかり、クライアントが倍増した！」など、絶大な信頼を獲得している。「キラーコンテンツづくり」を指導し、なかには年収1億円を超えるコンサルタントも生まれている。

コンサルタントのための
“キラーコンテンツ”で稼ぐ法

平成25年9月11日　初版発行
平成29年2月10日　6刷発行

著　者 ―― 五藤万晶

発行者 ―― 中島治久

発行所 ―― 同文舘出版株式会社
東京都千代田区神田神保町1-41　〒101-0051
電話　営業03（3294）1801　編集03（3294）1802
振替00100-8-42935　http://www.dobunkan.co.jp

ISBN978-4-495-52321-3
印刷／製本：三美印刷
Printed in Japan 2013